V&R

Leben.Lieben.Arbeiten **SYSTEMISCH BERATEN**

Herausgegeben von
Jochen Schweitzer und
Arist von Schlippe

Benedikt Joos

Hamsterrad Schule

Lösungen im Beratungsdreieck
Eltern – Schüler – Lehrkraft

Mit 5 Abbildungen

Vandenhoeck & Ruprecht

Bibliografische Information der Deutschen Nationalbibliothek:
Die Deutsche Nationalbibliothek verzeichnet diese Publikation in der Deutschen Nationalbibliografie; detaillierte bibliografische Daten sind im Internet über https://dnb.de abrufbar.

Umschlagabbildung: DDCoral/shutterstock.com

Satz: SchwabScantechnik, Göttingen
Druck und Bindung: ⊕ Hubert & Co. BuchPartner, Göttingen
Printed in the EU

Vandenhoeck & Ruprecht Verlage | www.vandenhoeck-ruprecht-verlage.com

ISSN 2625-6088
ISBN 978-3-525-40847-6

Inhalt

II Die systemische Beratung

III Am Ende

Zu dieser Buchreihe

Die Reihe »Leben. Lieben. Arbeiten: systemisch beraten« befasst sich mit Herausforderungen menschlicher Existenz und deren Bewältigung. In ihr geht es um Themen, an denen Menschen wachsen oder zerbrechen, zueinanderfinden oder sich entzweien und bei denen Menschen sich gegenseitig unterstützen oder einander das Leben schwermachen können. Manche dieser Herausforderungen (Leben.) haben mit unserer biologischen Existenz, unserem gelebten Leben zu tun, mit Geburt und Tod, Krankheit und Gesundheit, Schicksal und Lebensführung. Andere (Lieben.) betreffen unsere intimen Beziehungen, deren Anfang und deren Ende, Liebe und Hass, Fürsorge und Vernachlässigung, Bindung und Freiheit. Wiederum andere Herausforderungen (Arbeiten.) behandeln planvolle Tätigkeiten, zumeist in Organisationen, wo es um Erwerbsarbeit und ehrenamtliche Arbeit geht, um Struktur und Chaos, um Aufstieg und Abstieg, um Freud und Leid menschlicher Zusammenarbeit in ihren vielen Facetten.

Die Bände dieser Reihe beleuchten anschaulich und kompakt derartige ausgewählte Kontexte, in denen systemische Praxis hilfreich ist. Sie richten sich an Personen, die in ihrer Beratungstätigkeit mit jeweils spezifischen Herausforderungen konfrontiert sind, können aber auch für Betroffene hilfreich sein. Sie bieten Mittel zum Verständnis von Kontexten und geben Werkzeuge zu deren Bearbeitung an die Hand. Sie sind knapp, klar und gut verständlich geschrieben, allgemeine Überlegungen werden mit konkreten Fallbeispielen veranschaulicht und mögliche Wege »vom Problem zu Lösungen« werden skizziert. Auf unter 100 Buchseiten, mit etwas Glück an einem langen Abend oder einem kurzen Wochenende zu lesen, bieten sie zu dem jeweiligen lebensweltlichen Thema einen schnellen Überblick.

Die Buchreihe schließt an unsere Lehrbücher der systemischen Therapie und Beratung an. Unsere Bücher zum systemischen Grundlagenwissen (1996/2012) und zum störungsspezifischen Wissen (2006) fanden und finden weiterhin einen großen Leserkreis. Die aktuelle Reihe erkundet nun das kontextspezifische Wissen der systemischen Beratung. Es passt zu der unendlichen Vielfalt möglicher Kontexte, in denen sich »Leben. Lieben. Arbeiten« vollzieht, dass hier praxisbezogene kritische Analysen gesellschaftlicher Rahmenbedingungen ebenso willkommen sind wie Anregungen für individuelle und für kollektive Lösungswege. Um klinisch relevante Störungen, um systemische Theoriekonzepte und um spezifische beraterische Techniken geht es in diesen Bänden (nur) insoweit, als sie zum Verständnis und zur Bearbeitung der jeweiligen Herausforderungen bedeutsam sind.

Wir laden Sie als Leserin und Leser ein, uns bei diesen Exkursionen zu begleiten.

Jochen Schweitzer und Arist von Schlippe

Vorwort

Als meine Großmutter während des Deutschen Kaiserreichs in die Volksschule ging, saßen alle sechzig Schüler*innen der Klasse, nach Mädchen und Jungen getrennt, in einer Rangfolge in den Bänken, die sich vor allem nach ihrer Schönschrift und ihrer Bravheit im Unterricht richtete – die Guten vorn, die Schlechten hinten. Meine Großmutter war sehr stolz, oft auf den vorderen Plätzen eins bis sechs gesessen zu haben.

Als meine Mutter während der Nazizeit in die Schule ging, bekam sie wegen kleiner disziplinarischer Verstöße in der Schule, die ihrem Vater zugetragen wurden, von diesem – er war selbst Lehrer – kräftig und durchaus planvoll »den Hosenboden versohlt«.

Als ich in den 1960er Jahren in die Schule ging, nahm meine Mutter sich regelmäßig vor, für mich und meine Schwester bei Lehrergesprächen »gut Wetter zu machen«, denn: »mit denen muss man sich gut stellen«.

Als meine Söhne um die Millenniumswende in die Schule gingen, zitterten nicht wenige Lehrkräfte in Sorge davor, unter welchen Beschuss der Eltern sie wohl bei den nächsten Elternabenden und Elterngesprächen kommen könnten.

Diese vier Beispiele aus knapp einhundert Jahren deutscher Schul- und Familiengeschichte sind nicht repräsentativ. Aber sie illustrieren einige charakteristische Veränderungen im Beziehungsdreieck von Lehrkräften, Eltern und Schüler*innen. Es scheint, als seien

Lehrkräfte innerhalb eines Jahrhunderts von respekt- und oft auch furchteinflößenden Autoritäten zu leicht kritisierbaren Dienstleistern geworden, Schüler*innen von formungsbedürftigem menschlichen Rohmaterial zu schutzbedürftigen zarten Seelen, Eltern von Verbündeten der Lehrer*innen gegenüber ihren Kindern zu Verbündeten ihrer Kinder gegen deren Lehrkräfte.

Erst seitdem Lehrer*innen, Schüler*innen und Eltern infolge der gesellschaftlichen Demokratisierungsbewegungen zunehmend miteinander auf Augenhöhe gekommen sind, erst seitdem nicht mehr von vornherein klar ist, wer in diesem Dreieck zu bestimmen und wer sich zu fügen hat, wird in diesem Feld Beratung notwendig und sinnvoll. Es gilt nun, zwischen diesen mindestens drei Parteien Verständnis für deren unterschiedliche Sichtweisen und Anliegen zu entwickeln und neue Übereinkünfte in schulischen Konfliktlagen zu schließen.

Einer der dies besonders engagiert und vertrauenserweckend macht, ist der Schulpsychologe Benedikt Joos. In diesem Buch beschreibt er, wie er als unabhängiger Vermittler für die drei Parteien Gesprächsangebote schafft, die diesen helfen, aus dem Hamsterrad schulischer Konfliktlagen und Notsituationen herauszukommen. Er schildert in seinen Fallbeispielen anschaulich die Aspekte der systemischen Haltung, die ihn dabei tragen und die er ausstrahlt und die Gesprächspraktiken, die er wählt. Die Grenzen, an die die schulpsychologische Beratung stoßen kann, verschweigt er dabei nicht, er macht vielmehr deutlich, dass viele Schulprobleme durch den schulpsychologischen Dienst allein – ohne benachbarte und quantitativ umfänglicher verbreitete Unterstützungsangebote wie die der Beratungslehrer*innen und der Schulsozialarbeit – nicht lösbar sind. Dass künftige Lehrkräftefortbildungen von einem Mehr an systemischer Pädagogik sehr profitieren würden, wie Joos verspricht, davon kann sich die Leserschaft bei der Lektüre überzeugen.

Wenngleich dieses Buch aus der Perspektive eines Schulpsychologen geschrieben ist, so kann es doch auch Lehrer*innen und Eltern, im Extremfall sogar leseaffinen Schüler*innen, Hoffnung vermitteln, dass belastender Schulstress auflösbar und dass dramatische Schulausschlüsse verhinderbar sind. Wie das in Zusammenarbeit gelingen kann, dafür zeigt das Buch gangbare Wege auf.

Jochen Schweitzer

Vorbemerkung

In meiner Arbeit als Schulpsychologe durfte ich in den letzten Jahren eine Vielzahl von Schüler*innen[1] mit ihren Familien begleiten, die sich Unterstützung im schulischen Kontext wünschten. Dabei wurde mir bewusst, dass bei aller Vielfältigkeit der Anliegen und Herausforderungen vor allem meine Haltung als Berater ein entscheidender Faktor für das Gelingen von Beratungsprozessen ist. Meine »beraterische Heimat« fand ich durch die Einarbeitung in eine systemisch geprägte Schulpsychologie und die Weiterbildung zum Systemischen Therapeuten am Helm Stierlin Institut in Heidelberg. Die intensive Auseinandersetzung mit den Grundsätzen und Methoden des systemischen Ansatzes half mir dabei, meine eigene Haltung im Beratungskontext Schule auszubilden und zu festigen. Der im Schulalltag oft defizitäre Blick auf Kinder und Jugendliche mit einer eindeutigen Problemverortung in der Person des »störenden« bzw. »nicht leistungsfähigen« Schülers führte mir allzu oft vor Augen, wie Ressourcen und Potenzial der Schüler*innen vergeudet werden. Die Folgen sind oftmals ein enormer Leidensdruck, verbunden mit dem Gefühl, nicht in Ordnung bzw. nicht am richtigen

1 Da mir eine gendergerechte Sprache wichtig ist, setze ich so oft wie möglich das einschließende Gendersternchen (z. B. Berater*innen). Dennoch verwende ich an einigen Stellen zur einfacheren Lesart das generische Maskulinum (z. B. der Schüler). Wenn ich von Eltern spreche, sind selbstverständlich auch alle anderen Erziehungs- und/oder Sorgeberechtigten gemeint.

Ort zu sein. In vielen Fällen leiden nicht nur die betroffenen Schüler*innen selbst unter dieser Problematik, sondern auch ihre Eltern oder sogar die ganze Familie.

Es war faszinierend zu sehen, wie ein ressourcenorientierter, wertschätzender und lösungsorientierter Blick dazu ermutigt, dass Ratsuchende selbst aktiv Ideen zur Lösung ihrer Probleme entwickeln und auch in die Tat umsetzen. Für mich folgte daraus die Erkenntnis, dass ich in meiner Rolle als Berater neben der schulpsychologischen Expertise (z. B. dem Wissen über Verfahrensabläufe im Kultussystem oder einem verantwortungsvollen Einsatz von Testdiagnostik) vor allem durch eine wertschätzende und neugierige Haltung einen positiven Einfluss auf den Beratungsprozess nehmen kann. Neben der Arbeit mit den Familienmitgliedern gehört – mit dem Einverständnis der Erziehungsberechtigten – auch die Kommunikation mit beteiligten Lehrkräften oder auch Schulleitungen zur schulpsychologischen Beratung dazu. Meiner Erfahrung nach war es oftmals ein gemeinsames Gespräch mit Eltern, Lehrkräften und dem betroffenen Schüler (»Runder Tisch«), das dazu beitrug, dass eine für alle Beteiligten herausfordernde Situation gut gemeistert werden konnte. Generell wurde mir während meiner Tätigkeit bewusst, dass sich Lösungen für schulische Herausforderungen am besten im Dreieck Eltern – Schüler*in – Lehrkraft finden lassen und dass das Zusammenspiel dieses Trios – auf allen seinen Beziehungsebenen – daher eine entscheidende Komponente für den Erfolg von Beratungsprozessen darstellt.

In diesem Buch nehme ich Sie anhand mehrerer Fallbeispiele mit hinein in den Alltag der schulpsychologischen Einzelfallarbeit innerhalb des Dreiecks Eltern – Schüler*in – Lehrkraft und lasse Sie teilhaben an vielen schönen, aber auch intensiven Beratungsprozessen mit Familien im Kontext Schule. Meine Hoffnung ist, dass Beratungslehrkräfte, Schulsozialarbeiter*innen, Schulpsycholog*innen und andere Berater*innen die geschilderten Prozesse gewinnbringend lesen und dadurch ermutigt werden, die ein oder andere Erkenntnis in der eigenen Arbeit ein- und umzusetzen. Darüber hinaus möchte ich mit diesem Buch Eltern und Lehrkräften einen Einblick in die systemische Beratungsarbeit als Schulpsychologe bzw. Schulpsychologin geben und mich für eine kooperative und konstruktive Zusammenarbeit bei der Bewältigung von Schulproblemen einsetzen.

Der Kontext – Schulprobleme sind Inter-System-Probleme

Schulen nehmen in unserer Gesellschaft als Orte des Lebens und Lernens eine zentrale Rolle ein. Sie haben den Auftrag, Schüler*innen auf ihr künftiges Leben und die Arbeitswelt vorzubereiten. Im Zentrum des gesellschaftlichen Auftrags an Schule steht dabei die Vermittlung von Werten, Wissen, Fähigkeiten und Fertigkeiten, um jedem Menschen eine gesellschaftliche Teilhabe zu ermöglichen. Schule ist aber – mit aktuell ca. 11 Millionen Schüler*innen (Statistisches Bundesamt, 2019) und ca. 800 000 Lehrkräften (Statistisches Bundesamt, 2018) an allgemeinbildenden und beruflichen Schulen in Deutschland – vor allem auch ein sozialer Kontext. So bietet Schule Kindern und Jugendlichen u. a. Raum für die Gestaltung und Pflege von Beziehungen, Training in Verzicht und Anpassung sowie das Miteinander mit gemeinsamen Regeln und Werten (vgl. Thimm, 2015, S. 8). Der Schulbesuch und die damit verbundenen Aufgaben prägen den Alltag von Kindern und Jugendlichen enorm, da sie einen Großteil ihrer Zeit in der Schule bzw. mit schulischen Aufgaben verbringen. Durch den aktuellen Ausbau des Ganztagsangebots und die engere Verzahnung mit Betreuungseinrichtungen erhöht sich dieser Anteil derzeit noch weiter. Somit findet ein Großteil der Erlebenswelt von Kindern und Jugendlichen im schulischen Kontext statt und macht Schule so zu einem für die individuelle, soziale und emotionale Entwicklung eines jeden Menschen bedeutenden Ort.

1 Herausforderungen im Kontext Schule

Viele Kinder und Jugendliche gehen grundsätzlich gern in die Schule. Sie freuen sich darauf, etwas Neues zu lernen, ihre Fähigkeiten unter Beweis zu stellen oder einfach ihre Freunde zu treffen. Für sie ist die Schule ein schöner Ort, an dem sie sich ausprobieren und wachsen können. Einige Schüler*innen erleben den Schulalltag und die regelmäßigen Leistungskontrollen hingegen als permanenten Stress, der in manchen Fällen zu Ängsten oder Krankheit führen kann. Andere fühlen sich in der Schule nicht wohl, da sie Konflikte mit Mitschüler*innen haben oder das Verhältnis zu einer Lehrkraft belastet ist. Wiederum andere leiden darunter, dass sie mit dem vorgegebenen Lerntempo nicht Schritt halten können und sich abgehängt fühlen. Dies wirkt sich oftmals auf deren Selbstwert und die Selbstwirksamkeit aus. Andere Schüler*innen fallen durch ihr Verhalten auf, indem sie z. B. den Unterricht stören, in verbale oder körperliche Auseinandersetzungen mit Mitschüler*innen verwickelt sind oder sich weigern, in die Schule zu gehen. In all diesen Fällen sind die Eltern und Lehrkräfte des Schülers gefragt, zusammen mit ihm nach Lösungen für die jeweilige Situation zu suchen. Gelingt es diesem Dreigespann aus Eltern, Schüler*in und Lehrkräften nicht, eine Verbesserung herbeizuführen, so gibt es im Schulsystem verschiedene Unterstützungsangebote, wie z. B. Schulsozialarbeiter*innen, Beratungslehrkräfte und Schulpsycholog*innen, die für eine Beratung zur Verfügung stehen.

Die Anlässe für die Inanspruchnahme einer Beratung sind vielfältig und reichen von nachlassender schulischer Leistung, Schwierigkeiten in der Lern- und Arbeitsorganisation, über Unkonzentriertheit, körperliche Beschwerden und Unwohlsein (z. B. Bauchschmerzen), Schulunlust, Mobbing bis hin zur Schulverweigerung. Auch aggressives Verhalten gegenüber Mitschüler*innen und Lehrkräften oder oppositionelles Verhalten bzw. Störungen im Unterricht sind oft genannte Gründe im Erstgespräch mit Eltern und Schüler*innen. Grob gliedern lassen sich die Symptome von Schulproblemen in die Bereiche *Lernen und Leisten* (z. B. Notenverschlechterung, Motivation), *Erleben* (z. B. Traurigkeit, Ängste) und *Verhalten* (körperliche Auseinandersetzungen, Verweigerung oder Störungen im Unterricht). Diese Bereiche sind sehr eng miteinander verknüpft und in vielen

Fällen führt die Problematik in einem Gebiet dazu, dass auch andere Bereiche in Mitleidenschaft gezogen werden (Hennig u. Ehinger, 2012, S. 14).

Dass der Unterstützungsbedarf bei schulischen Problemen hoch ist, lässt sich daran festmachen, dass ca. 10 % aller schulpflichtigen Kinder dem Kinderarzt wegen Problemen im Zusammenhang mit der Schule vorgestellt werden (Rauter, 2017, S. 486). Claudius Hennig und Uwe Knödler (2017, S. 15) geben an, dass ca. 60 % der Anmeldungen an Ehe-, Familien- und Lebensberatungsstellen mit dem Label »Schulprobleme« versehen sind. Die »Befragung zum seelischen Wohlbefinden und Verhalten« des Robert-Koch-Instituts (BELLA-Studie) ergab zudem, dass ca. 17 % der Kinder und Jugendlichen diagnostisch oder klinisch bedeutsame Hinweise auf psychische Auffälligkeiten zeigen (Klasen, Meyrose, Otto, Reiss u. Ravens-Sieberer, 2017, S. 402). Daher ist es nicht verwunderlich, dass Verhaltensprobleme von Kindern und Jugendlichen in der Schule häufiger Grund für die Inanspruchnahme von Kinder- und Jugendpsychiatern und Kinder- und Jugendlichenpsychotherapeuten sind. Die im Rahmen von schulischen Auffälligkeiten vergebenen ärztlichen Diagnosen reichen von Teilleistungsschwächen (z. B. Lese- und/oder Rechtschreib-Schwäche, Dyskalkulie und Aufmerksamkeitsdefizitsyndrom) über Störungen des Sozialverhaltens und Angststörungen bis hin zu depressiven Störungen (Rotthaus, 2019, S. 13).

Es lässt sich somit sagen, dass Schulschwierigkeiten bzw. auffälliges Verhalten im Kontext Schule ein weit verbreitetes Phänomen sind und der Bedarf von Familien an Unterstützung hoch zu sein scheint, da viele Unterstützungssysteme mit diesen Thematiken aufgesucht werden.

Tätigkeitsfeld der Schulpsychologie

Die Schulpsychologie versteht sich als psychologischer Fachdienst der Schule, dessen Aufgabe es ist, Schüler*innen, ihre Eltern, Lehrende, Schulleitungen, Schulaufsicht, Schulverwaltung und gesetzgebende Gremien zu unterstützen und zu beraten. Schulpsycholog*innen verfügen über einen wissenschaftlichen Hochschulabschluss in Psychologie und sind Expert*innen für das menschliche Verhalten, Denken und Lernen. »Schulpsychologie nutzt wissenschaftliche Erkenntnisse, um Schulen und Eltern in ihrem Bildungs- und Erziehungsauftrag zu beraten und Schülerinnen und Schüler zu unterstützen, sich in ihrer Persönlichkeit zu entwickeln sowie einen adäquaten Schulabschluss und eine altersgerechte Teilhabe am gesellschaftlichen Leben zu erreichen« (Berufsverband Deutscher Psychologinnen und Psychologen e. V., 2015, S. 3).

Grundsätze der schulpsychologischen Beratung:

- Kostenfreiheit: Eine schulpsychologische Beratung ist immer kostenfrei.
- Freier Zugang: Alle am Schulleben Beteiligten haben einen freien und direkten Zugang zur schulpsychologischen Beratung.
- Freiwilligkeit: Die Beratung ist grundsätzlich freiwillig.
- Vertraulichkeit: Schulpsycholog*innen unterliegen der Schweigepflicht.
- Allparteilichkeit: Schulpsycholog*innen nehmen in der Beratung und im Schulsystem eine neutrale Position ein.

Arbeitsfelder der Schulpsychologie am Beispiel Baden-Württemberg:[2]

- Einzelfallberatung: Schüler*innen, Eltern, Schulleitungen, pädagogisches Personal und Mitarbeiter*innen der Schulaufsicht beraten.
- Beratungslehrkräfte: Beratungslehrkräfte praxisnah und wissenschaftlich fundiert aus- und weiterbilden sowie die kontinuierliche Begleitung in Fallbesprechungsgruppen und Einzelcoachings übernehmen.
- Prävention und Intervention: Schulen bei der nachhaltigen Entwicklung von gesundheitsförderlichen Arbeits- und Lernbedingungen sowie bei der Bewältigung von Schwierigkeiten und Krisen unterstützen und begleiten.
- Fortbildung und Prozessbegleitung: Angebote für Schulen, Kollegien und einzelne Lehrkräfte in Form von Supervision, Coaching, Fortbildung und Prozessbegleitung bereitstellen.
- Konzept- und Programmentwicklung: Regionale und landesweite Konzepte und Programme zu psychologisch-pädagogischen Fragestellungen entwickeln und gestalten.

Die Beratung von Minderjährigen erfolgt grundsätzlich in Abstimmung mit den Erziehungsberechtigten. Auf Wunsch ist eine erste Beratung von Schüler*innen auch ohne Kenntnis der Eltern möglich. Sollten jedoch weitere Termine oder Maßnahmen erforderlich sein, bedarf es der schriftlichen Zustimmung der Erziehungsberechtigten (Ministerium für Kultus, Jugend und Sport Baden-Württemberg, 2000, S. 336).

2 Nach: Ministerium für Kultus, Jugend und Sport Baden-Württemberg (2015, S. 4).

Fallbeispiel 1: Christiane[3] – Verweigerung in der Schule und zu Hause

Frau Schulz meldet sich nach einem Gespräch mit der Klassenlehrkraft ihrer Tochter bei der schulpsychologischen Beratungsstelle an, um eine Beratung für sich und ihre Familie in Anspruch zu nehmen. Im telefonischen Erstkontakt berichtet Frau Schulz, dass ihre Tochter Christiane, die momentan die 3. Klasse einer kleinen Grundschule besucht, seit geraumer Zeit kaum noch Lust habe, in die Schule zu gehen, und Frau Schulz sich gemeinsam mit ihrem Mann deswegen große Sorgen mache. Sie beide hätten Christiane stets als sehr interessiertes und cleveres Mädchen wahrgenommen, die gern die Schule besuche. Doch seit dem Start des laufenden Schuljahres ginge es mit ihrer Motivation stark bergab. Laut Aussagen der neuen Klassenlehrerin verweigere Christiane sich im Unterricht und störe diesen durch Gespräche mit Mitschüler*innen und Herumkaspern. Der Lehrerin sei es bis jetzt nicht gelungen, herauszufinden, warum sich Christiane so verhalte. In Gesprächen mit der Klassenlehrkraft blocke Christiane stets ab. Frau Schulz berichtet, dass es auch zu Hause bei den Hausaufgaben immer wieder zu teilweise heftigen Wortgefechten zwischen Christiane und ihr komme. Christiane ziehe sich daraufhin immer häufiger in ihr Zimmer zurück und wolle allein sein. Auch gemeinsamen Aktivitäten, die ihr früher stets Freude bereiteten, entziehe sie sich zunehmend. Frau Schulz gibt an, dass das Familienleben durch die aktuelle Problematik stark belastet sei und sie und ihr Mann nicht mehr weiterwüssten. Alle Versuche, mit Christiane über ihr Verhalten zu sprechen, schlügen fehl. Um herauszufinden, was mit ihrer Tochter los sei, erbäten sie sich schulpsychologische Hilfe.

3 Alle Namen bzw. Personen in den Fallbeispielen wurden anonymisiert.

2 Diagnose »Problemschüler*in«: Der Fokus auf Defizite und Mängel

Was die meisten Fallschilderungen von Ratsuchenden verbindet, mit denen sich an schulpsychologische Beratungsstellen gewandt wird, ist ein sehr problemfokussierter Blick auf den Schüler; oftmals direkt mit der Frage verbunden, was mit ihm nicht in Ordnung sei. Die Hoffnung vieler Eltern und Lehrkräfte liegt darin, dass durch eine Intervention von außen das Kind bzw. der Jugendliche wieder auf den »richtigen Weg« gebracht wird und wieder »funktioniert«. Doch woher kommt dieser unrealistische Wunsch oder vielleicht besser: Irrglaube?

Im Kontext Schule – mit seinen normativen Vorgaben und der im Zentrum stehenden Leistungsbewertung – liegt der Fokus häufig auf Defiziten und Mängeln. Christa Hubrig und Peter Herrmann führen dies darauf zurück, dass Lehrkräfte die Aufgabe haben, »Verhalten zu korrigieren, Leistungen zu bewerten und schwache Schüler ›auszulesen‹« (2014, S. 17). Verhaltensweisen von Schüler*innen, die eine erfolgreiche Durchführung des »normalen« Unterrichts beeinflussen, werden von Lehrkräften als störend empfunden und somit negativ konnotiert. Daher werden auffällige Verhaltensweisen (z. B. Störungen im Unterricht, Streitereien mit Mitschüler*innen, schlechte Leistungen) im Kontext Schule in der Regel relativ schnell bemerkt und an den jeweiligen Schüler und dessen Eltern zurückgemeldet. Ist der Fokus erst einmal auf dieses als negativ konnotierte Verhalten gerichtet, werden andere Verhaltensweisen, die dieser Einschätzung widersprechen, mit einer großen Wahrscheinlichkeit übersehen oder nicht mehr wahrgenommen (Rotthaus, 2019, S. 46). Diese Sichtweise wirkt im Sinne einer selbsterfüllenden Prophezeiung und verhindert damit den Blick auf die Ressourcen und Stärken des Schülers (Hubrig u. Herrmann, 2014, S. 134).

In vielen Fällen werden im schulischen Kontext die Ursachen für auffällige Verhaltensweisen im Schüler selbst verortet. Durch diese monokausale Ursachenzuschreibung wird der Schüler als »Problemschüler« abgestempelt. Das Verhalten wird als Eigenschaft des Schülers – also als dessen Persönlichkeitsmerkmal – angesehen, z. B. »Der Schüler *ist* faul!« (Hennig u. Ehinger, 2012, S. 15). Diese einfache linear-kausale Sichtweise eröffnet nur einen Lösungsweg: Der Schüler muss sich ändern bzw. das herausfordernde Verhalten abstellen. Erhöhen nun Eltern und Lehrkräfte den Druck auf den Schüler, z. B. durch Strafen oder Anreize, stellt dies einen Angriff auf den Selbstwert des Schülers dar (siehe Abbildung 1). Auf diesen reagiert der Schüler wiederum mit Gegendruck und meistens unbewusst mit Ausweichmanövern (z. B. Aggression, Ablenkung) – ein Teufelskreis entsteht. Das Problem wird nicht gelöst, die schulische Situation bleibt, wie sie ist, und oftmals hängen die Beteiligten in einer Problemtrance fest, da anscheinend keine der versuchten Lösungen fruchtet. Der Schulkontext gerät dann in Gefahr, für Schüler*innen, Eltern und Lehrkräfte zum Hamsterrad zu werden, in dem man sich ausweglos gefangen sieht. Doch ist dem wirklich so? Solange wir den Fokus auf Defizite und Mängel richten und den Schüler mit seiner Persönlichkeit allein in das Zentrum der Problemanalyse rücken, stehen die Chancen auf ein Ausbrechen aus dem Teufelskreis schlecht. Lenken wir den Blick jedoch auf die Ressourcen und Fähigkeiten aller am Schulsystem Beteiligten und sehen das gezeigte Verhalten in den verschiedenen sozialen Kontexten, so ergeben sich neue Lösungsräume.

Abbildung 1: »Problemschüler*in« zwischen den Fronten

3 Die systemische Sichtweise auf Schulprobleme

In der Beratung von Schulproblemen gehört der systemische Ansatz mittlerweile zum fachlichen Standard (Hennig u. Knödler, 2017, S. 11). Dieser zeichnet sich durch eine andere Haltung gegenüber Schulschwierigkeiten aus, die aus den Gesetzlichkeiten der Systemtheorien (Selbstorganisationparadigma) und der konstruktivistischen Erkenntnistheorie, der Erschaffung von Wirklichkeit durch Sprache, resultiert (Hubrig u. Herrmann, 2014, S. 18 ff.). Für einen vertiefenden Einblick in die Systemtheorie und den Einfluss von Sprache bei der Konstruktion von Wirklichkeit verweise ich auf das »Lehrbuch der systemischen Therapie und Beratung I« (von Schlippe u. Schweitzer, 2013).

3.1 Ressourcen- und Lösungsorientierung

Eine zentrale Annahme der systemisch-lösungsorientierten Haltung lautet, dass Ratsuchende bereits über alle Ressourcen (Fähigkeiten und Stärken) verfügen, um mit ihrer herausfordernden Situation umzugehen, es aber aktuell nicht schaffen, diese (erfolgreich) einzusetzen. Daher ist es eine wichtige Aufgabe des systemischen Beraters, Ratsuchenden zu helfen, den Blick wieder auf eigene Ressourcen und bisher erreichte Erfolge zu richten, um Hoffnung und Zuversicht zu generieren. Dadurch wird ein »Verlassen des ›Problemraums‹, des Gefühls von Wertlosigkeit, Versagen und Hilflosigkeit« (Hubrig u. Herrmann, 2014, S. 111) möglich, eigene Lösungsideen können entstehen und in die Tat umgesetzt werden. Folglich liegt der Fokus der Beratung weniger auf dem Problem selbst, sondern mehr auf der Konstruktion von Lösungen (von Schlippe u. Schweitzer, 2013, S. 210).

3.2 Die Suche nach dem Sinn von auffälligen Verhaltensweisen

Der systemische Ansatz geht davon aus, dass ein Verhalten nur erlernt wird, wenn es hilfreich ist bzw. eine positive Bedeutung hat (Hubrig u. Herrmann, 2014, S. 105). Jedes Verhalten, mag es auf den ersten Blick noch so (ver-)störend sein, ergibt somit in einem bestimmten sozialen Kontext Sinn (Simon, 1995, S. 30). Daher können schulische Auffälligkeiten auch unter dem Gesichtspunkt gesehen werden, dass sie eine Öffentlichkeit herstellen (Hennig u. Ehinger, 2012, S. 14) und sich damit die Chance bietet, ein noch tieferliegendes Problem angehen zu können. Hennig und Knödler (2017, S. 15 f.) führen hier als Beispiele an, dass das auffällige Schülerverhalten als eine Art verschlüsselter Hilferuf an eine außerfamiliäre Bezugsperson in einer belastenden Familiensituation gedeutet werden kann oder, im entgegengesetzten Fall, von einer anderen Problemsituation im familiären Umfeld ablenken soll. Auch das Aufmerksammachen auf eine Nichtpassung zwischen Anforderungen in der Schule und Fähigkeiten des Schülers könnte eine auf den ersten Blick versteckte »Botschaft« eines Problemverhaltens in der Schule sein. Im Gegensatz zur klassischen Ursachensuche im Kontext Schule, wo die Frage des Warum im Zentrum steht, stellt die systemische Sichtweise die Frage nach dem Wofür in den Mittelpunkt der Aufmerksamkeit.

3.3 Kontextberücksichtigung – Einflussbereiche bei Schulproblemen

So gesehen ist es wichtig, den Fokus bei der Betrachtung von Schulproblemen nicht nur auf die Person des Schülers zu richten, sondern den Blickwinkel auf die den Schüler umgebenden sozialen Kontexte bzw. Systeme mit ihren Einflussfaktoren und deren Beziehungen untereinander zu erweitern. Dabei geht der systemische Ansatz davon aus, dass Auffälligkeiten im Kontext Schule nie das Resultat einer einzigen Ursache sind, sondern vielmehr zahlreiche Faktoren aus unterschiedlichen (Lebens-)Bereichen bzw. Systemen bei der Entstehung und Aufrechterhaltung einer schulischen Symptomatik beteiligt sind (Hennig u. Ehinger, 2012, S. 16). Schulprobleme werden in der (systemischen) Literatur daher auch als »Inter-System-Probleme« bezeichnet (Schweitzer u. von Schlippe, 2014, S. 301; Omer u. von Schlippe, 2016, S. 164). Dabei stehen sowohl die beteiligten Personen innerhalb der Systeme als auch die Systeme als Ganzes in ständiger Wechselwirkung miteinander und beeinflussen sich gegenseitig. Claudius Hennig und Wolfgang Ehinger (2012, S. 16 ff.) unterscheiden vier Einflussbereiche, die bei der Entstehung und Aufrechterhaltung von Schulproblemen von zentraler Bedeutung sind:

- das System »Schüler*in«,
- das System »Familie«,
- das System »Schule«,
- das System »Umwelt«.

Aufseiten des Schülers spielen z. B. die Begabung, die Konzentrationsfähigkeit, Persönlichkeitseigenschaften, körperliche Voraussetzungen, die Motivation und das Lern- und Arbeitsverhalten eine Rolle. Familiäre Einflussfaktoren sind etwa der Erziehungsstil der Eltern, das Familienklima, gegenseitige Leistungserwartungen, Geschwisterrivalitäten, Vernachlässigung und Gewalt in der Familie. Die Einflussfaktoren der Schule bestehen z. B. aus den Lehrerpersönlichkeiten, dem vorherrschenden Erziehungs- und Unterrichtstil, dem pädagogischen Konzept, dem Schulklima, den Leistungsanforderungen und -beurteilungen und der Beziehung zu den Mitschüler*innen. Das System »Umwelt« stellt in diesem Modell ein Konglomerat vieler weiterer Systeme dar, wie etwa Gesellschaftsordnung, Klimaeinflüsse, (Schul-)Politik, Digitalisierung, Freundeskreis.

Schauen wir uns nun am Fallbeispiel »Christiane« an, wie sich die verschiedenen Einflussbereiche bei einer schulischen Problematik äußern können und wie durch das Betrachten dieser Systeme eine Problemkontexterweiterung stattfinden kann.

Fallbeispiel 1: Christiane – Vom Problemfokus zum Lösungsfokus

Im schulpsychologischen Erstgespräch mit Familie Schulz, zu dem die Eltern mit Christiane gemeinsam kommen, gelingt es mir als Berater nach und nach den Problemfokus von Christianes Person auf die anderen Kontexte auszuweiten. Durch eine kurze Vorstellung der einzelnen Familienmitglieder, mit dem Fokus auf Stärken und positiven gemeinsamen Erlebnissen, skizziert Familie Schulz ihren Alltag und was sie als Familie auszeichnet. Gleichzeitig versetzt diese Phase die Familienmitglieder in eine Position der Stärke, da sie durch die wertschätzende Beschreibung mit ihren Ressourcen verbunden werden. Nach dieser positiven Einstimmung war es der Familie ganz anders möglich, auf die sonst so belastende Situation in und mit der Schule zu schauen. Christiane berichtet daraufhin von ihren Lieblingsfächern (Mathematik, Naturkunde und Sport) und erzählt, dass ihr die Pausen mit ihren Freundinnen sehr viel Freude bereiteten. Es wird deutlich, dass ihre Verweigerung im Unterricht auf bestimmte Fächer begrenzt ist (Deutsch, Musik und Religion) und Christiane in anderen Fächern gut mitarbeitet. Das entlastet die Eltern spürbar und rüttelt deutlich an der Zuschreibung, bei ihrer Tochter handele es sich um eine »Problemschülerin«. Zudem gerät eine andere Tatsache in den Blickpunkt, denn alle drei Fächer werden von Christianes Klassenlehrerin unterrichtet. Im weiteren Gesprächsverlauf zeigt sich, dass es zu Beginn des Schuljahres zu einem Vorfall gekommen war, bei dem sich Christiane vor der ganzen Klasse bloßgestellt fühlte. Inhaltlich ging es dabei um ihre fehlerhafte Rechtschreibung. Christianes Eltern können sich zwar an den Vorfall erinnern, wussten aber nicht, dass dieser sie noch immer beschäftigt.

Bei der Betrachtung der Hausaufgabensituation fällt Frau Schulz auf, dass sich die Streitigkeiten mit Christiane meistens im Fach Deutsch ergeben. Aber auch hier nicht immer, sondern vor allem, wenn sie ihre Tochter etwas noch einmal schreiben lasse – da es in ihren Augen zu unleserlich oder mit zu vielen Rechtschreibfehlern versehen war. Interessanterweise scheint es bei der Hausaufgabenbearbeitung mit dem Vater zu keinen Komplikationen zu kommen. Allerdings wird in der Beratung deutlich, dass Herr Schulz in den letzten Wochen dafür keine Zeit mehr gehabt hatte, da er immer bis spät abends arbeiten musste.

Gegen Ende des Erstgesprächs konnte in der Beratung mit Familie Schulz festgehalten werden, dass Christianes Verhalten nur in bestimmten Situationen bzw. Kontexten auftritt, sie aber prinzipiell in der Lage ist, dem Schulunterricht zu folgen. Eventuell ergibt ihr rebellisches Verhalten in der Schule und zu Hause unter dem Gesichtspunkt Sinn, dass sie mit ihm von einer selbst wahrgenommenen Schwäche in der Rechtschreibung ablenken kann. Im Kontext »Hausaufgaben mit dem Vater« treten die problematischen Verhaltensweisen nicht auf. Dies könnte eine Lösungsidee für zukünftiges Arbeiten sein. Darüber hinaus scheint die Beziehung zur Klassenlehrerin durch einen Vorfall belastet und Christianes Stören im Unterricht eine mögliche Reaktion darauf zu sein.

Gelingt es – wie im Fallbeispiel – mithilfe eines wertschätzenden und ressourcenorientierten Blickes auf die schulische Problematik, eine Kontexterweiterung bezüglich der Problemdefinition zu ermöglichen, so ergeben sich fast automatisch neue Ansatzpunkte für Lösungsideen. Die Beteiligten können sich so aus der Position der Ohnmacht befreien, da sie realisieren, dass sie selbst eigene Veränderungen anstoßen können, die zu einer Verbesserung der Situation beitragen. Gleichzeitig wandert der Blick vom Problem weg hin zu Lösungen – die Problemtrance bzw. das Hamsterrad kann verlassen werden. Im besten Fall kann – nach Einholung einer Schweigepflichtsentbindung – auch die Perspektive der Lehrkraft in die Kontexterweiterung miteinbezogen werden. Dies kann entweder parallel, etwa durch ein Telefonat zwischen Berater*in und Lehrkraft oder auch in einem gemeinsamen Gespräch mit Familie, Lehrkraft und Berater*in stattfinden.

4 Das Dreieck Eltern – Schüler*in – Lehrkraft

In der Einzelfallarbeit an schulpsychologischen Beratungsstellen ist häufig zu beobachten, dass bei schulischen Auffälligkeiten eine mangelnde Kooperation und Kommunikation zwischen den drei Systemen Schüler*in, Elternhaus und Schule vorliegt. Bell, Rosen und Dynlacht (1994) konnten in ihrer Übersichtsarbeit zum Thema Schuleschwänzen zeigen, dass Interventionen, die sich gleichermaßen auf die Einflussbereiche von Schüler*in, Eltern bzw. Familie und Lehrkräften bzw. Schule konzentrierten, die besten Chancen auf Erfolg haben. Es scheint also für die Beratung von Schulproblemen vielversprechend zu sein, mit diesen drei Hauptakteuren zu arbeiten, wobei in den meisten Fällen die Klassenlehrkraft – stellvertretend für die Institution Schule – agiert. Sofern sich die Klassenlehrkraft für eine Beratung gewinnen lässt, ergibt sich somit für die Arbeit bei schulischen Herausforderungen eine Arbeit im Dreieck aus Eltern, Schüler*in und Lehrkraft. Dabei wird das Problem von der Person des

Schülers entkoppelt. Stattdessen rücken die wechselseitigen Einflüsse zwischen allen beteiligten Personen und der Problematik in den Vordergrund (siehe Abbildung 2).

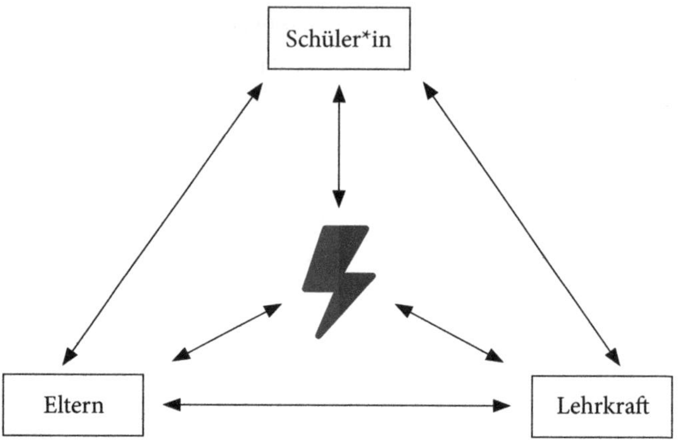

Abbildung 2: Systemische Sicht auf Schulprobleme

Diese Beziehungsebenen im Dreieck Eltern – Schüler*in – Lehrkraft und ihre Rolle bei der Entstehung und Aufrechterhaltung von Schulproblemen werden daher im Folgenden genauer betrachtet (vgl. Rotthaus, 2019, S. 23 ff.).

4.1 Beziehungsebene: Eltern – Lehrkraft

Haim Omer und Arist von Schlippe (2016, S. 164) sehen die Beziehung zwischen Eltern und Lehrkraft bei der Lösung schulischer Probleme als die wichtigste und vordringlichste Achse. Eine gute Kommunikation und Kooperation zwischen Elternhaus und Schule gilt als extrem wichtige Voraussetzung dafür, dass Schulprobleme gar nicht erst auftauchen oder wenn doch, gemeinsam gut gelöst werden können. Ist dies nicht der Fall, besteht die Gefahr, dass die Verantwortung für das auffällige Verhalten des Kindes zwischen beiden Parteien hin- und hergeschoben wird; gegenseitige Schuldzuweisungen sind dann oftmals die Folge. Diese Situation ist für den Schüler relativ komfortabel, da er zwar von beiden Seiten für sein auffälliges Verhalten gerügt wird, jedoch keine echten Konsequenzen erfährt (Rotthaus, 2019, S. 25). Solange beide Parteien bei der Problemlösung nicht zusammen an einem Strang ziehen, kann der Schüler beide gegeneinander ausspielen oder fühlt sich von beiden Seiten im Stich gelassen.

Daher ist eine enge Kooperation zwischen Elternhaus und Schule eines der wichtigsten Ziele der Beratung im Dreieck Eltern – Schüler*in – Lehrkraft. Diese führt in sehr vielen Fällen zu einer Verbesserung der Schulproblematik (Rotthaus, 2019, S. 27). Omer und von Schlippe (2016, S. 172) sprechen von der »Eltern – Lehrer – Allianz«, die nicht wie eine Koalition gegen eine dritte Partei gerichtet ist, sondern das Wohl des Kindes in den Mittelpunkt stellt, indem es ihm Halt und Orientierung gibt. Grundlagen für ein gelingendes Miteinander zwischen Elternhaus und Schule sind der Aufbau einer wertschätzenden Kommunikation auf Basis wechselseitigen Respekts und das Etablieren eines regelmäßigen konstruktiven Austauschs.

4.2 Beziehungsebene: Eltern – Schüler*in

Hennig und Knödler (2017, S. 15) deuten Verhaltensprobleme im Kontext Schule in vielen Fällen als ein Ausagieren dessen, was sich bei Schüler*innen im System Familie an emotionalem Stress angestaut hat. So berichten die Autoren, dass an ihrer Beratungsstelle ca. 70–80 % der Schüler*innen, die mit Leistungsproblemen angemeldet wurden, »Schwierigkeiten im sozialen, emotionalen und motivationalen Bereich zeigen, die mehr oder weniger eng mit der Herkunftsfamilie in Zusammenhang stehen« (Hennig u. Knödler, 2017, S. 30). Für die Autoren hat das familiäre Bezugssystem bei der Betrachtung von Schulproblemen daher eine große Bedeutung. Herausfordernde Situationen für Schüler*innen sind z. B. eine sich anbahnende oder schon vollzogene Trennung der Eltern, Gewalt in der Familie, die Erkrankung oder der Todesfall eines Familienmitglieds etc. Auch Hubrig und Herrmann (2014, S. 39) betonen, dass die Ressourcen zur Veränderung von Schulproblemen vor allem im System »Familie« liegen. Daher ist es die Aufgabe eines systemischen Beraters, die Familie zu unterstützen (wieder) in ein kooperatives und respektvolles Miteinander zu finden, was durch gegenseitiges Wahrnehmen und funktionale Kommunikation möglich wird.

4.3 Beziehungsebene: Schüler*in – Lehrkraft

Die Hattie-Studie, in der der neuseeländische Erziehungswissenschaftler John Hattie eine Auswertung von 800 Metaanalysen über die Einflussfaktoren auf Schulleistungen vornimmt (Hattie, 2009), kommt zu dem Ergebnis, dass die Lehrkraft-Schüler*in-Beziehung einen sehr starken Effekt auf die Leistung der Schüler*innen hat (Lotz u. Lipowsky, 2015, S. 103). Rotthaus (2019, S. 61) weist zudem in einem Überblick über den aktuellen Forschungsstand auf die hohe Bedeutsamkeit der Beziehung zwischen Lehrkraft und Schüler*in bei auftretenden Schulproblemen hin. So konnte z. B. gezeigt werden, dass eine konflikthafte Beziehung das Risiko für Verhaltensauffälligkeiten und Lernprobleme erhöht, wohingegen eine emotional unterstützende und engagierte Haltung der Lehrkraft gegenüber dem Schüler zu weniger störendem Verhalten führt (Schulte-Körne, 2016,

S. 186). Neurobiologische Studien belegen zudem, dass positive emotionale Erlebnisse durch Beziehungserfahrungen zu einer dauerhaften Veränderung der neurologischen Strukturen und damit zu einem höheren Lernerfolg führen als rationale Einsicht allein (Hubrig u. Herrmann, 2014, S. 83). Daher kommt dem Aufbau einer von Wertschätzung und Respekt geprägten Beziehung zwischen Lehrkraft und Schüler*in eine entscheidende Rolle in der systemischen Beratung zu. Die Lehrkraft kann über eine ressourcenorientierte Haltung mit Fokus auf Stärken und Fähigkeiten der Schüler*innen zu einer fruchtbaren Beziehung beitragen. Eine Belastung für das positive Verhältnis zwischen Lehrkraft und Schüler*in stellt in vielen Fällen die Tatsache dar, dass Lehrkräfte die Schüler*innen bewerten müssen – eine Trennung von Person und deren Leistung kann diesen Einfluss jedoch abmildern (Rotthaus, 2019, S. 63).

Ergänzende Bemerkungen zur Beziehungsebene Schüler*in – Mitschüler*innen:

Das Verhältnis von Schüler*innen zu ihren Mitschüler*innen ist für Kinder und Jugendliche sehr wichtig und gewinnt im Laufe des Heranwachsens immer stärker an Bedeutung. Die in der Schule geschlossenen Freundschaften und Beziehungen haben einen großen Einfluss auf das Wohlbefinden von Schüler*innen im Schulalltag. Kommt es hier zu Brüchen oder Konflikten, kann dies einen erheblichen Einfluss sowohl auf Lern- und Leistungsmotivation als auch auf das gezeigte Verhalten in der Schule haben. In der Praxis der schulpsychologischen Beratung zeigt sich jedoch, dass hier die Arbeit mit den Mitschüler*innen selbst eher selten vorkommt. Ein Beispiel für die direkte Arbeit auf der Beziehungsebene Schüler*in – Mitschüler*innen wäre die Umsetzung einer Mobbingintervention in der Klasse (z. B. der »No-Blame-Approach«; Blume u. Beck, 2010). Im metaphorischen Bild des systemischen Arbeitens im Dreieck Eltern –

Schüler*in – Lehrkraft ist diese Ebene aufgrund ihrer Seltenheit nicht repräsentiert. Dennoch stellt sie in den Gesprächen mit dem betroffenen Schüler, den Eltern und der Lehrkraft eine wichtige Komponente dar und wird in die Problemkontexterweiterung miteinbezogen.

Fallbeispiel 1: Christiane – Lösungen im Dreieck Eltern – Schüler*in – Lehrkraft

Nach dem Erstgespräch verständigen Familie Schulz und ich uns darauf, dass wir uns bei der weiteren Zusammenarbeit zuerst auf die herausgearbeiteten möglichen Einflussfaktoren konzentrieren. Die aktuell angespannte Beziehung zur Lehrkraft scheint uns das größte Potenzial für eine Lösungsfindung zu besitzen und daher nehme ich mit Einverständnis von Familie Schulz Kontakt mit der Klassenlehrkraft auf. Diese schildert im Telefongespräch ihre Sicht der Dinge und vermutet unter anderem, dass Christiane an einer Rechtschreibschwäche leide. Ansonsten stehe sie der Situation aber ratlos gegenüber. Im Gespräch kann sich die Klassenlehrkraft für die systemische Sichtweise auf die Problematik öffnen und ist bereit, zusammen mit der Familie nach gemeinsamen Lösungen zu suchen. Angesprochen auf den Vorfall, den Christiane als Bloßstellung erlebt hatte, zeigt sich die Klassenlehrkraft bestürzt und gibt an, diesen selbst anders eingeschätzt zu haben. Es tue ihr leid, dass er von Christiane als so einschneidendes Ereignis wahrgenommen werde. Einem gemeinsamen Gespräch mit Familie Schulz stehe sie offen gegenüber. Bei Christiane führe ich auf Wunsch der Eltern eine diagnostische Abklärung der möglichen Rechtschreibschwäche durch. Dabei kommt heraus, dass sie – trotz einer überdurchschnittlichen sprachlichen Begabung und normaler Leseleistung – auffallend viele Rechtschreibfehler macht. Im Vergleich mit Gleichaltrigen schneidet Christiane hier im unterdurchschnittlichen Bereich ab. Diese

Erkenntnis nehmen wir mit ins Treffen mit der Klassenlehrkraft, das ich zusammen mit Familie Schulz vorbereite.

In diesem Gespräch ist eine moderierte Aussprache zum angesprochenen Vorfall möglich, die sowohl Christiane als auch die Lehrkraft versöhnt zurücklässt. Gleichzeitig ergibt sich auch die Möglichkeit, über die herausgearbeiteten Lösungsideen zu sprechen und zu überlegen, wie weiter vorgegangen werden kann. Zusammen mit der Klassenlehrkraft wird bezüglich der Rechtschreibung ein Förderplan für Christiane erstellt. Dabei stellt die Klassenlehrkraft die Förderaufgaben sowohl für die Schule als auch für zu Hause zur Verfügung. In Absprache mit den Eltern wird entschieden, dass Christiane die Aufgaben für zu Hause mit ihrem Vater am Wochenende bearbeiten darf. Herr Schulz verspricht, sich dafür extra Zeit zu nehmen. Darüber hinaus vereinbaren die Eltern und die Klassenlehrkraft jeden Freitag kurz miteinander (telefonisch) Rücksprache zu halten, wie die Woche verlaufen ist.

Vier Wochen nach diesem Gespräch kommt Familie Schulz zu einem letzten Termin. Sowohl die Eltern als auch Christiane berichten von einer spürbaren Entspannung zu Hause. Natürlich gäbe es bei den Deutschhausaufgaben manchmal noch etwas Unmut, aber das sei kein Vergleich zu vorher. Im Deutschunterricht melde die Klassenlehrkraft kaum noch Störungen von Christiane zurück und ihre Mitarbeit sei im Großen und Ganzen in Ordnung. Auch wenn es notentechnisch noch zu keiner Verbesserung gekommen sei, konnte Christiane doch die Fehleranzahl im Vergleich zum letzten Übungsdiktat deutlich reduzieren. Alle seien über die aktuellen Entwicklungen sehr froh und schauten positiv in die Zukunft.

Im dargestellten Fallbeispiel mit Familie Schulz konnte durch den Einbezug der Lehrkraft in den Beratungsprozess ein gemeinsames Arbeiten im Dreieck Eltern – Schüler*in – Lehrkraft ermöglicht werden. Dabei wurden sowohl alle Personen des Dreiecks in die Lösungsfindung miteinbezogen wie auch auf allen Beziehungsebenen des Dreiecks gearbeitet. Ganz konkret wurde im familiären Kontext ein genauerer Blick auf das Miteinander am Beispiel der Hausaufgabensituation geworfen und die Ressourcen der Familie gestärkt. Auch die in letzter Zeit häufigere Abwesenheit des Vaters – bedingt durch die berufliche Situation – mit ihren Auswirkungen auf alle Familienmitglieder konnte im gemeinsamen Gespräch thematisiert werden. Die Beziehungsebene Eltern – Schule wurde zum einen in den Einzelkontakten, die ich jeweils mit den Eltern und der Lehrkraft hatte, und zum anderen beim gemeinsamen Gespräch an der Schule in den Blick genommen. Für eine gute zukünftige Zusammenarbeit zwischen Familie Schulz und der Klassenlehrerin wurde an diesem Treffen Wert auf ein gemeinsam erarbeitetes Vorgehen und gegenseitige Absprachen gelegt. Besonders hilfreich ist es, wenn der Schüler dieses An-einem-Strang-Ziehen hautnah mitbekommt, was in diesem Beratungsfall durch Christianes Anwesenheit realisiert werden konnte. Durch die zudem geglückte Aussprache zwischen Christiane und ihrer Klassenlehrerin bezüglich des Vorfalls vor der Klasse konnte auch die Beziehungsebene Lehrkraft – Schüler*in gestärkt werden.

Die systemische Beratung

5 Die systemische Haltung im Dreieck Eltern – Schüler*in – Lehrkraft

Im ersten Teil des Buches wurden die *Kontexterweiterung* und die *Ressourcen- und Lösungsorientierung* als wichtige Bestandteile einer systemischen Beratung von Schulproblemen vorgestellt. Der ressourcen- und lösungsorientierten Haltung liegt die Annahme zugrunde, dass Ratsuchende alle Ressourcen zur Lösung der Herausforderung schon in sich tragen, darauf im aktuellen Zustand aber nicht zugreifen können. Durch den Fokus auf die Stärken und Fähigkeiten der am Prozess Beteiligten – verbunden mit einer intensiven Beschäftigung mit Lösungen anstatt mit dem Problem selbst – werden Ratsuchende befähigt, selbst Lösungsideen für die herausfordernde Situation zu finden. Leitend ist dabei die Frage nach dem Wofür, der Suche nach der positiven Absicht des schwierigen Verhaltens, die sich in verschiedenen (sozialen) Kontexten finden lässt. Daher ist die Kontextberücksichtigung bzw. die Erweiterung des Blickwinkels auf die Systeme Schüler*in, Eltern, Schule und deren Beziehungsebenen bei Herausforderungen im Kontext Schule wichtig.

5.1 Empathie und Wertschätzung

Für die Arbeit im Dreieck Eltern – Schüler*in – Lehrkraft sind darüber hinaus noch weitere Grundhaltungen für einen gelingenden Beratungsprozess wichtig. Für den Aufbau einer tragfähigen Beziehung zu den Ratsuchenden ist es – wie in jedem anderen Beratungssetting auch – von großer Bedeutung, diesen Empathie und Wertschätzung entgegenzubringen. Das beinhaltet ein sensibles »Einfühlungsvermögen des Beraters in die Lebenssituation der Familie und den absoluten Respekt vor ihren Problem- und Lösungskreationen« (Hennig u.

Knödler, 2017, S. 37). Darüber hinaus ist es für den positiven Verlauf einer Beratung wesentlich, dass der Berater sich im Sinne nach Carl Rogers kongruent, also in Übereinstimmung mit sich selbst, verhält (Weinberger, 2011, S. 62). Das bedeutet, dass der Berater den Ratsuchenden authentisch als Person begegnet und eigene Empfindungen und Wahrnehmungen in die Beratung einbringt.

5.2 Die neugierige Haltung des Nichtwissens

Die systemische Haltung geht davon aus, dass jeder Ratsuchende selbst Experte für sein eigenes Erleben und Verhalten ist und der Berater »sozusagen ›Experte im Fragen‹« (Schmidt, zit. nach Hubrig u. Herrmann, 2014, S. 113). Daher taucht der Berater zwar ganz in die Welt bzw. Perspektive der Ratsuchenden ein – ohne dabei zu bewerten –, nimmt dabei aber eine neugierige Haltung des Nichtwissens ein. Er gibt keinerlei Ratschläge, sondern regt aus dieser Haltung, durch den Einsatz von Fragetechniken, bei den Ratsuchenden Such- und Findeprozesse an (Hubrig u. Herrmann, 2014, S. 113).

Fallbeispiel 2: Samuel – »Wenn du so weitermachst, fliegst du von der Schule!«

Frau Lohmüller wendet sich aufgrund eines drohenden Schulverweises ihres Sohnes Samuel an die Schulpsychologische Beratungsstelle. Samuel besucht aktuell die 6. Klasse einer Gemeinschaftsschule. Die meisten seiner Klassenbucheinträge bekam Samuel wegen Störungen des Unterrichts, verbalen und körperlichen Auseinandersetzungen mit Mitschüler*innen und Nichtbeachtung von Anweisungen durch Lehrkräfte. Frau Lohmüller beschreibt beim telefonischen Erstkontakt, dass die Schule übertreibe, und gleichzeitig wisse sie aber, dass ihr Sohn im Umgang mit anderen nicht immer einfach sei. Wir vereinbaren einen Termin zum Erstgespräch.

Zu diesem kommt Frau Lohmüller zusammen mit Samuel und Frau Mauer, die die Familie in ihrer Rolle als sozialpädagogische Familienhilfe im Rahmen einer Erziehungsbeistandschaft über das Jugendamt begleitet. Bei der Vorstellung erfahre ich, dass die Familie insgesamt aus vier Familienmitgliedern besteht und in einem kleinen Dorf auf dem Land wohnt. Der zwölfjährige Samuel hat noch einen älteren Bruder, Marius (20 Jahre), der gerade eine Ausbildung zum Kfz-Mechaniker macht und mehr mit seinen Freunden unterwegs als zu Hause sei. Der Vater lebt auch im Haushalt, ist voll berufstätig und gerade für mehrere Wochen auf Montage unterwegs. Frau Lohmüller ist momentan nicht berufstätig. Durch die schulische Problematik von Samuel gebe es auch zu Hause viel Streit; lediglich das gemeinsame Kochen am Wochenende mache beiden viel Freude. Ansonsten verbringe Samuel viel Zeit vor der Playstation oder am Smartphone und interessiere sich generell sehr für Technik, z. B. auch für Autos. Auf die schulische Thematik angesprochen, zuckt Samuel nur mit den Achseln und sagt, dass er den ganzen Wirbel nicht verstehe. Er benehme sich genauso wie die anderen auch. Immer bekäme er den Ärger ab und ein bisschen Raufen müsse doch drin sein. Seine Mutter findet die Reaktion der Schule auch überzogen, fordert aber zugleich von ihrem Sohn, sich in der Schule mehr zusammenzureißen. Frau Mauer zeigt Verständnis für die Schule, da Samuel sich auch zu Hause nicht an Regeln halte. Sie mache sich große Sorgen um ihn, da er sich auf der einen Seite aggressiv und auf der anderen Seite sehr traurig zeige.

Als es im Gespräch darum geht, wie ich der Familie helfen kann, wird deutlich, dass Frau Mauer die eigentliche Antriebskraft für die Inanspruchnahme der Beratung war und Familie Lohmüller in erster Linie Frau Mauers Wunsch nachkommt. Da die Freiwilligkeit eine wichtige Voraussetzung für die schulpsychologische Beratung ist, bleibe ich hartnäckig, als es darum geht, das Anliegen von Mutter und Sohn herauszuarbeiten. Dies gestaltet sich als Herausforderung, denn der Hauptwunsch von Familie Lohmüller ist, von allen Institutionen (Schule, Jugendamt) in Ruhe gelassen zu werden. Doch das ist natürlich kein klassischer Auftrag für mich in meiner Rolle als Schulpsychologe. Ich biete jedoch an, gemeinsam mit ihnen zu überlegen, was sie als Familie tun könnten, um von anderen nicht mehr als hilfebedürftig eingeschätzt zu werden. Nach einem längeren Prozess entscheiden sich Mutter und Sohn, zu einem weiteren Gespräch zu kommen und sich bis dahin zu überlegen, woran sie mit mir arbeiten möchten. Den nächsten Termin vereinbaren wir ohne Frau Mauer.

5.3 Allparteilichkeit und Neutralität in der Beratung

Eine weiterer Aspekt der systemischen Haltung in der Beratung, die auch im Dreieck Eltern – Schüler*in – Lehrkraft von großer Bedeutung ist, ist die Allparteilichkeit. Diese Neutralität spiegelt sich in drei Facetten wider: gegenüber Personen, Ideen und Veränderungen.

Neutralität gegenüber Personen (Beziehungsneutralität) bedeutet, dass der Berater im Beratungsprozess keine Koalitionen mit einzelnen Familienmitgliedern oder anderen am Prozess Beteiligten eingeht. Stattdessen akzeptiert er die Anliegen aller und versetzt sich abwechselnd in deren unterschiedliche Sichtweisen (Hubrig u. Herrmann, 2014, S. 115). Indem der Berater keinen Standpunkt favorisiert, verhindert er, in das Problemsystem hineingezogen zu werden bzw. die Problematik noch zu verstärken. Im Fall von Familie Lohmüller bedeutet es, keinen Blickwinkel, auch nicht den von Frau Mauer, als »den richtigen« zu deklarieren, sondern alle Sichtweisen gleich wertzuschätzen. Auch gegenüber neuen Ideen in der Beratung sollte sich der Berater neutral verhalten (Konstruktneutralität). Somit verhindert er ein vorschnelles Fokussieren auf einen Gedanken und lässt die Verantwortung bei den Ratsuchenden. Hubrig und Herrmann (2014, S. 115) empfehlen daher, mit den Ratsuchenden verschiedene Ideen durchzuspielen, um deren Konsequenzen auszuprobieren. Auch gegenüber Veränderung und Nicht-Veränderung verhält sich der Berater neutral (Problemneutralität). Geht der Berater einseitig auf die Seite der Veränderung (z. B. durch die Einschätzung, dass das Verhalten des Schülers negativ ist und daher verändert werden muss), ist die Wahrscheinlichkeit groß, dass die Ratsuchenden auf die Seite der Nicht-Veränderung gehen. Daher sollte der Berater keine eigenen Ziele und Absichten in der Beratung verfolgen. Nur persönliche Ziele motivieren die Ratsuchenden wirklich – alles andere erzeugt Widerstand! Im Fall von Familie Lohmüller war es mir daher wichtig, Frau Mauer, die einen (zwar durchaus nachvollziehbaren) Wunsch nach Veränderung im System Familie und Schule hatte, aus der Auftragsklärung mit der Familie herauszuhalten.

Fallbeispiel 2: Samuel – Erste Schritte auf dem Weg zu einem kooperativen Miteinander

Im Folgetermin mit Familie Lohmüller herrscht eine andere Gemütslage. Mutter und Sohn kommen scherzend in das Beratungszimmer und erzählen auf Nachfrage, dass sie eine schöne gemeinsame Anfahrt hatten. Die Absprache zwischen den beiden lautete, dass auf dem Hinweg Samuel die Musik aussuchen dürfe und seine Mutter auf dem Rückweg. In dieser positiven Stimmung beginnen wir unser Gespräch. Mutter und Sohn formulieren den Auftrag, dass sie mit mir zusammen auf die familiäre Situation schauen möchten und dabei überlegen, ob und wie es möglich sei, dass weniger gestritten werde. Ihr Ziel sei es, mehr qualitativ hochwertige Zeit – wie auf der Fahrt zur Beratung – miteinander zu verbringen. Eine Kontaktaufnahme meinerseits mit der Schule wollten sie aktuell nicht, schlössen es aber für einen späteren Zeitpunkt nicht aus.

So arbeiten wir zunächst im Setting Mutter – Sohn weiter und werfen mithilfe eines ressourcenorientierten Genogramms einen genaueren Blick auf die Beziehungen der Familienmitglieder untereinander. Dabei kommt Samuels tiefe Verbundenheit mit seinem Vater und seinem Bruder zutage und die Erkenntnis, dass er aktuell unter der Abwesenheit beider leidet. Sein Wunsch nach mehr gemeinsamen Aktivitäten begleitet uns während der Beratung. Am Ende des Beratungsprozesses teilt er mit, dass er mit seinem Vater und seinem Bruder nun mit einem gemeinsamen Projekt, der Reparatur eines alten Autos, begonnen habe, was ihm sehr viel Freude bereite.

Auch die Beziehung zwischen Samuel und seiner Mutter wird in der Beratung genauer betrachtet. Dabei erweist sich für beide die Arbeit mit inneren Anteilen anhand von Tierfiguren als eine passende Methode (siehe z. B. Mertens, 2009; Natho, 2013), die ihnen sehr viel Spaß macht. Ich arbeite bei der Zusammenstellung des Inneren Teams zuerst jeweils mit einer Person und führe den Prozess dann zusammen, indem beide sich ihr Team gegenseitig vorstellen. Samuel und seine Mutter kommen sofort über Fragen zu ihren Tieren miteinander ins Gespräch und diskutieren dabei über Ähnlichkeiten und Unterschiede. Dabei scheinen sie miteinander in einen guten Kontakt treten zu können. Es gelingt den beiden durch spielerisches Ausprobieren von Aufstellungen ihrer Tiere, Lösungsideen für ein gemeinsames Miteinander zu finden und diese dann mit meiner Unterstützung in den Alltag zu überführen. So sprechen die beiden z. B. ab, wie sie die sonst so konflikthafte Situation bei

Samuels Nach-Hause-Kommen neu regeln können. Ich gebe ihnen als Hausaufgabe mit, diese Situation bis zum nächsten Mal zu üben und zu beobachten, ob sich etwas verändert.

Beim nächsten Termin berichten beide, dass es zu Hause zu einer Entspannung gekommen sei. Samuel erzählt, dass sie sich sogar in anderen Situationen über ihre Tiere aus dem Inneren Team unterhalten haben. Frau Lohmüller bestätigt dies, berichtet aber auch davon, dass es trotzdem einige Situationen gegeben habe, in denen Samuel wieder ausgetickt sei. Das kommentiere ich als »völlig normal« und ermuntere die Familie, weiterzumachen. Von diesen ersten kleinen Schritten beflügelt und nochmals auf die schulische Thematik angesprochen, erhalte ich im Anschluss an diese Sitzung von der Familie den Auftrag, mit der Schule in Kontakt zu treten, um ein gemeinsames Treffen zu planen. Samuel möchte unbedingt an der Schule bleiben, um seine dortigen Freunde nicht zu verlieren, was Frau Lohmüller ihrem Sohn gern ermöglichen möchte. Sie selbst würde sich darüber hinaus sehr freuen, wenn es zu weniger konfliktbehafteten Anrufen aus der Schule käme.

Im Kontakt mit der Schule (Klassenlehrkraft und Schulleitung) bemerke ich zum einen die große Sorge um Samuel, aber auch die Tendenz zu einem Schulverweis, da für die Schule die ganze Problematik so schnell ein Ende hätte. In den Gesprächen höre ich mir die Perspektiven von Klassenlehrkraft und Schulleiter an, wertschätze die bisherigen Bemühungen und zeige Verständnis für die aktuellen Lösungsideen. Dennoch gelingt es mir, sowohl die Klassenlehrkraft als auch die Schulleitung dazu zu bewegen, im Rahmen eines Runden Tisches (ein gemeinsames Gespräch zwischen den Beteiligten des Dreiecks Eltern – Schüler*in – Schule) über die aktuelle Situation und mögliche gemeinsame Schritte nachzudenken.

Bei diesem Treffen glückt es, die verschiedenen Perspektiven der Teilnehmer sichtbar zu machen und Wünsche bzw. gegenseitige

Erwartungen zu formulieren. Es wird ein gemeinsames Ziel benannt: »häufigere positive Begegnungen zwischen Samuel und seinen Mitschüler*innen und den Lehrkräften«. Dies soll z. B. an der zurückgehenden Anzahl an Klassenbucheinträgen oder dem persönlichen Stresserleben (subjektive Skala: 1–10) überprüft werden. Dazu wolle jeder seinen Beitrag leisten. Am Ende des Treffens werden verschiedene Absprachen getroffen, z. B. sollen Samuel und seine Klassenlehrkraft regelmäßig kurze Feedbackgespräche führen (als Möglichkeit für Samuel, seine Sicht der Dinge in Ruhe zu formulieren); des Weiteren bleiben die Klassenlehrkraft und Frau Lohmüller in regelmäßigem Kontakt (bei Vorfällen wird noch am selben Tag telefoniert) und Samuel will in weiteren Gesprächen mit mir sein Verhalten und mögliche Alternativen reflektieren. Ein nächstes gemeinsames Treffen wird vereinbart.

Bei diesem Termin werden erste Verbesserungen in der schulischen Situation festgestellt. Das gefühlte Stresslevel des Klassenlehrers und Samuels ist um mehrere Punkte zurückgegangen und es kam zu weniger Einträgen ins Klassenbuch. Frau Lohmüller berichtet, dass sie die Anrufe der Schule in den letzten vier Wochen etwas gestresst hätten, sie aber dadurch wusste, was vor sich ging und auch Stellung beziehen konnte. Die Runde entscheidet, dass sie von nun an selbst die Treffen und die Kommunikation in die Hand nimmt. Frau Lohmüller und Samuel kommen noch zu zwei weiteren Terminen, um den Beratungsprozess bei mir abzuschließen. Sie sind dankbar für die Begleitung, wollten nun aber – wie im Erstgespräch angedeutet – es wieder ohne fremde Hilfe versuchen.

5.4 Eigenverantwortung stärken

Es wäre nicht nur aus schulpsychologischer Sicht wenig nachhaltig, wenn die Erkenntnis eines Beratungsprozesses darin bestünde, dass die Erarbeitung und Umsetzung von Lösungsideen nur mit externer Unterstützung funktioniert. Daher ist es ein wichtiger Bestandteil der systemischen Beratung bei Schulschwierigkeiten, sowohl die Selbstverantwortung der Ratsuchenden als auch des gesamten Dreiecks aus Eltern, Schüler*in und Lehrkraft zu stärken, indem positive Kommunikationsprozesse gefördert und eine produktive Kooperation ermöglicht werden. Der Berater nimmt im Beratungsprozess die Rolle des Wegbegleiters ein, der mit seinem Fachwissen und seinen Erfahrungen zur Seite steht, die Verantwortung für Entscheidungen jedoch bei den Ratsuchenden lässt. Der oftmals gewünschte »Zauberstab«, mit dem der Berater die vorgetragenen Probleme lösen soll, wird somit gar nicht mehr benötigt, sondern die Ratsuchenden erarbeiten die für sie passende Lösung selbst. Das stärkt alle Beteiligten des Dreiecks und führt bestenfalls dazu, dass sie die gemachten Erfahrungen bzw. die erarbeiteten Erkenntnisse auf neue Herausforderungen übertragen können.

Verortung des systemischen Beraters[4] im Schaubild des Beratungsdreiecks:

Durch die Einnahme einer systemischen Haltung stellt der Berater den Beteiligten des Dreiecks einen geeigneten Rahmen für konstruktive Begegnungen auf Augenhöhe zur Verfügung. Seine Allparteilichkeit ermöglicht ihm, die Perspektiven aller Beteiligten wahrzunehmen. Er kann dabei in verschiedenen Settings (z. B. nur

4 Mit »Berater« sind Beratungslehrkräfte, Schulsozialarbeiter*innen und Schulpsycholog*innen gemeint.

mit dem Schüler, mit Eltern und Lehrkraft oder mit allen gemeinsam) arbeiten und so auf die unterschiedlichen Beziehungsebenen wirken. Gleichzeitig behält er als Prozessverantwortlicher den Überblick und nimmt als neutraler Beobachter eine Position auf der Metaebene ein – wie ein Satellit, der die Erde umkreist (siehe Abbildung 3).

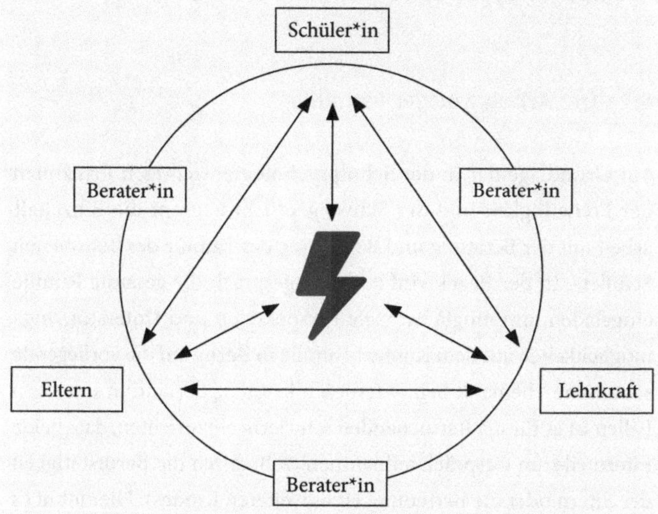

Abbildung 3: Verortung des Beraters im Dreieck Eltern – Schüler*in – Lehrkraft

6 Allgemeines Vorgehen bei der Beratung im Dreieck Eltern – Schüler*in – Lehrkraft

Das allgemeine Vorgehen in der systemischen Beratung ist in vielen Lehrbüchern umfassend und detailliert dargestellt (u. a. von Schlippe u. Schweitzer, 2013; Retzlaff, 2012; Schwing u. Fryszer, 2015; Hennig u. Knödler, 2017). Der Fokus dieses Kapitels liegt daher auf den Besonderheiten des Vorgehens in einer schulpsychologischen Beratung bzw. in der dafür typischen systemischen Beratung im Dreieck Eltern – Schüler*in – Lehrkraft. Die dafür wichtigen Grundhaltungen wurden in den letzten Abschnitten bereits vorgestellt. Hilfreiche und praxisnahe Tipps für eine gelungene Gesprächsführung mit Kindern gibt Rüdiger Retzlaff in seinem Exkurs »Mit Kindern reden« im Lehrbuch »Spiel-Räume« (Retzlaff, 2012, S. 48 ff.).

6.1 Die Arbeit mit der Familie

Auf Grundlage der in der Schulpsychologie wichtigen Prinzipien der Freiwilligkeit und der Schweigepflicht beginnt die Einzelfallarbeit mit der Beratung und Begleitung der Familie des betroffenen Schülers. In der Regel wird zum Erstgespräch die gesamte Familie eingeladen, um möglichst viele Perspektiven und Unterstützungsmöglichkeiten aus dem Kontext Familie in Bezug auf die vorliegende schulische Thematik beim Gespräch kennenzulernen. In manchen Fällen ist es für die Ratsuchenden schwierig einzurichten, dass beide Elternteile am Gespräch teilnehmen (z. B. durch die Berufstätigkeit der Eltern oder die Betreuung eines weiteren Kindes). Hier lohnt es sich aus meiner Erfahrung heraus, dranzubleiben und freundlich und bestimmt mit der Familie zusammen nach Möglichkeiten der Teilnahme aller Familienmitglieder zu suchen. Durch die Anwesenheit der gesamten Familie wird gleich zu Beginn die Sichtweise unterstützt, dass es für die Lösung der herausfordernden Situation nicht nur den »Problemschüler«, sondern den gesamten familiären Kontext benötigt. Die Last der Situation wird so auf viele Schultern verteilt und die familieninterne Lösungssuche angeregt. Für die Beratungssituation selbst gilt aber natürlich: Der Berater arbeitet mit denen, die kommen bzw. die, die kommen, sind die Richtigen für die Beratungsarbeit!

6.1.1 Beratungsbeginn: Joining

Ein guter Start in die Beratung ist durch nichts zu ersetzen. Daher lohnt es sich als Berater*in, diesen sehr sorgsam und bedacht zu gestalten. Schon die erste Begegnung im Warte- bzw. Empfangsbereich der Beratungsstelle, meistens der Ort der gegenseitigen Begrüßung, spielt dabei eine entscheidende Rolle. Mir ist es dabei wichtig, jedes einzelne Familienmitglied persönlich zu begrüßen und willkommen zu heißen. Wenn sich die Möglichkeit ergibt, nutze ich die Zeit beim Gang zum Beratungszimmer für Smalltalk, z. B. »Haben Sie gut hergefunden?«, um die Anfangsnervosität etwas zu nehmen. Im Raum lasse ich die Ratsuchenden selbst Plätze am Beratungstisch aussuchen und drücke meine Freude darüber aus, dass es mit unserem Treffen heute geklappt hat. Um das Ankommen im Beratungssetting zu erleichtern, stelle ich mich in meiner Rolle als Schulpsychologe kurz vor, erzähle etwas über die örtlichen Begebenheiten an der Beratungsstelle und lade zum Erkunden des Beratungszimmers, mit seinen Spielzeugen (z. B. Tierfiguren, Kinderbücher) und Bildern, ein. Nach diesem Part, in dem der Redeanteil als Berater relativ hoch ist, ist es in meinen Augen wichtig, den Ball möglichst bald der Familie zuzuspielen und sie in den Mittelpunkt des Gesprächs zu rücken. Daher bitte ich die einzelnen Familienmitglieder, sich vorzustellen, indem sie mir etwas über sich erzählen (z. B. Beruf, Interessen, Hobbys). Wichtig ist dabei, dass die schulische Thematik noch nicht im Zentrum steht, sondern die Personen mit ihren Fähigkeiten und Interessen. Als Berater möchte ich mir in dieser Phase ein Bild von der Familie machen und hören, was sie als Familie auszeichnet. Dies hat zusätzlich den Vorteil, dass eine mögliche Problemtrance vermieden wird und der Fokus der Familie bei den eigenen Stärken und bei dem liegt, was sie als Familie auszeichnet. Sollten einzelne Familienmitglieder nicht teilnehmen können, bitte ich die Anwesenden mir etwas über sie bzw. über gemeinsame

Aktivitäten zu erzählen. Wenn möglich und passend, mache ich dabei ehrliche Komplimente als Berater: »Das ist ja toll, wie Sie es schaffen, trotz der vielen Termine und Verpflichtungen Zeit für das gemeinsame Abendessen zu finden!«

6.1.2 Rahmenbedingungen und Grundregeln für die Beratung

Nach dieser Phase des Kennenlernens knüpfe ich gern an den telefonischen Erstkontakt an und fasse in kurzen Worten noch einmal zusammen, wie es zum heutigen Treffen kam. So sind alle Gesprächsteilnehmer auf dem gleichen Stand. Anschließend werden sowohl der zeitliche Rahmen als auch die Prinzipien der Beratung (Freiwilligkeit, Kostenfreiheit, Schweigepflicht, Allparteilichkeit) besprochen. Zu diesem Zeitpunkt kündige ich auch an, dass ich eventuell einen Teil des Gesprächs nur mit einzelnen Familienmitgliedern (z. B. dem betroffenen Schüler oder den Eltern) führe. Das bietet sich vor allem im Kontext einer Beratung mit jüngeren Schüler*innen an, da es Dinge gibt, die Eltern gerne in deren Abwesenheit ansprechen möchten (z. B. eigene Belastungen oder Vermutungen über mögliche Beeinträchtigungen des Kindes) und auch Schüler*innen können in Abwesenheit der Eltern noch einmal anders über sich und schulische oder familiäre Herausforderungen reden.

Mir ist wichtig, dass ich das Einverständnis jedes Familienmitglieds zu diesen Rahmenbedingungen erhalte, bevor ich fortfahre. Als Ziel für das heutige Gespräch gebe ich an, dass wir uns zusammen einen Überblick über die aktuelle Situation verschaffen, und versuchen, herauszufinden, wie ich ihnen als Berater weiterhelfen kann. In diesem Zusammenhang führe ich die ersten einfachen Gesprächsregeln ein (vgl. Hennig u. Knödler, 2017, S. 50 f.). Diese beinhalten zum einen, dass sich alle gegenseitig ausreden lassen und zum anderen, dass jeder für sich aus der eigenen Perspektive spricht und nicht für andere.

6.1.3 Perspektivenerweiterung und gemeinsame Problemsicht

In der nächsten Phase beginnt nun die eigentliche Arbeit an der schulischen Thematik. Ich fordere jedes Familienmitglied auf, die eigene Sicht auf das Problem zu beschreiben und zu benennen, welche Auswirkungen dieses auf die Familie hat. Die unterschiedlichen Perspektiven auf das Problem werden dabei als etwas ganz Normales und als »ein Teil des Reichtums von Familien« dargestellt (vgl. Retzlaff, 2012, S. 51). Als roten Faden für das Gespräch nutze ich systemische Hypothesen über die Familie und die dargestellte Thematik. Diese können mithilfe vielfältiger systemischer Fragetechniken überprüft, weiterverfolgt oder verworfen werden (siehe hierzu z. B. von Schlippe u. Schweitzer, 2013, S. 249 ff.; Kindl-Beilfuß, 2014). Diese Fragen verschieben den Blickwinkel vom Problem bzw. der Person des Schülers auf den Kontext und dessen Bedeutung für das System. Es rücken Beobachtungen zweiter Ordnung – z. B. »Wie gehen die Beteiligten mit der Problematik um?« – in den Mittelpunkt. In dieser Phase soll für die Familie erfahr- und erlebbar werden, wer welche Anteile an der Entstehung und an der Aufrechterhaltung der Symptomatik hat (vgl. Hennig u. Knödler, 2017, S. 64). Diese gemeinsame Problemdefinition ist die Grundlage für den Beratungskontrakt und weckt gleichzeitig die Hoffnung, dass Veränderungen möglich sind (vgl. Retzlaff, 2012, S. 68).

6.1.4 Veränderungswünsche und Zielformulierungen

Für den Beratungsprozess ist es wichtig, herauszufinden, woran und wie die Familie arbeiten möchte (vgl. Hennig u. Knödler, 2017, S. 67), um darauf aufbauend möglichst konkrete – auf der Verhaltensebene formulierte – Zielvorstellungen mit den Ratsuchenden zu erarbeiten. In manchen Fällen ergibt sich hier schnell eine Übereinstimmung der Familienmitglieder oder zumindest ein kleiner gemeinsamer Nenner und es können sofort gemeinsame Ziele ins Auge gefasst werden. Sollte es im Erstgespräch (noch) nicht dazu kommen, plane ich die Klärung der Ziele für ein weiteres Treffen ein. Beim Formulieren der Ziele achte ich darauf, dass diese positiv und in der Sprache der Ratsuchenden formuliert sind. Darüber hinaus berücksichtige ich hierbei die Kriterien der »smarten« Ziele (spezifisch, messbar, attraktiv, realistisch und terminiert). Für die Familie soll dabei klar werden, dass es viel Arbeit ist, dieses Ziel zu erreichen und gleichzeitig soll die Formulierung die Erreichbarkeit des Ziels widerspiegeln (vgl. Rotthaus, 2019, S. 37; Hennig u. Knödler, 2017, S. 70 f.).

6.1.5 Auftrag und Kontrakt

Nach der erweiterten Sicht auf das Problem und auf Grundlage der erarbeiteten Zielvorstellungen, bitte ich die Familie zu formulieren, wie sie sich die Unterstützung durch den Berater vorstellt bzw. welchen Auftrag sie mir gern geben möchte. Es stellt sich dabei die spannende Frage, ob es zu einer Passung zwischen den Möglichkeiten des Beraters und dem Auftrag der Familie kommt. Dafür muss ich in meiner Rolle als Schulpsychologe der Familie erst einmal offenlegen, womit und wie ich sie genau unterstützen kann und wo eventuell auch Grenzen liegen (z. B. bei der Therapie von psychischen Störungen). Sollte es zu einer Passung kommen, so wird ein »Arbeitskontrakt« über die weitere Zusammenarbeit geschlossen, in dem geklärt wird, wie die formulierten Zielvorstellungen durch die Familie – mithilfe des Beraters – erreicht und umgesetzt werden können. Wichtig ist auch hier, dass der Kontrakt spezifisch, konkret und positiv formuliert ist und die gesamte Familie miteinschließt (Hennig u. Knödler, 2017, S. 71 f.). Die weitere Arbeit mit der Familie richtet sich nach deren Auftrag und kann alle Ebenen des Dreiecks beinhalten. So kann es sein, dass sich die Arbeit bei einer familiären Thematik erst einmal auf den Schüler, seine Familie und deren Beziehungen untereinander konzentriert. Steht bei dem Schüler z. B. eine Teilleistungsschwäche oder eine Hoch- bzw. Minderbegabung im Raum, kann eine schulpsychologische Testdiagnostik durchgeführt werden. Bei den Themen Motivation und Schullaufbahnberatung können auch normierte Fragebögen zum Einsatz kommen. Die Erkenntnisse aus diesen Ergebnissen überprüfe ich in der weiteren Beratung mit der Familie auf deren Nützlichkeit für das Generieren von Lösungsideen. Oftmals entstehen dabei neue Überlegungen zu einer Förderung oder bezüglich der weiteren Schullaufbahn. Da für die Umsetzung dieser Ideen die Unterstützung der Schule sinnvoll ist, entscheiden sich viele Familien dafür, eine Zusammenarbeit mit der Schule bzw. den unterrichtenden Lehrkräften anzustreben. Um diesen Weg der Kooperation zu ebnen – gerade in Fällen, in denen vorher die Kommunikation zwischen Elternhaus und Schule eher schwierig war –, bekomme ich daher in den meisten Fällen den Auftrag der Eltern, mit der Schule in Kontakt zu treten und nach einem gemeinsamen Gesprächstermin zu suchen.

6.2 Die Arbeit mit Lehrkräften im Rahmen von Einzelfallberatungen

Mit dem Einverständnis der Eltern ist es möglich, Kontakt mit den für den Einzelfall wichtigen Lehrkräften aufzunehmen. Um welche Inhalte es gehen soll, bespreche ich im Vorfeld des Gesprächs mit der Familie und hole mir eine wechselseitige Schweigepflichtsentbindung zwischen mir und den betreffenden Lehrkräften ein.

6.2.1 Erstkontakt: Rahmung und Grundlagen

In den meisten Fällen findet der (Erst-)Kontakt telefonisch statt, wobei ich die Lehrkraft über das Sekretariat der Schule kontaktiere. Um die Schweigepflicht zu wahren, erwähne ich hierbei gegenüber den Mitarbeiter*innen des Sekretariats den Namen der Familie bzw. des Schülers nicht. Zu Beginn des Telefonats werden dabei – ähnlich zum Arbeitsbeginn mit der Familie – die Prinzipien (Freiwilligkeit, Schweigepflicht, Kostenfreiheit, Allparteilichkeit) der schulpsychologischen Beratung und der Rahmen für das Telefonat (z. B. Dauer und Ziel) besprochen. Darüber hinaus kläre ich über meine Rolle als Schulpsychologe und die damit einhergehende systemische Haltung auf. Auch hier hole ich mir das Einverständnis der Lehrkraft zu den Rahmenbedingungen ein. Ich weise darauf hin, dass (nur) mit ihrer Unterstützung eine tragfähige und nachhaltige Lösung möglich sei und erbitte daher ihre Mitarbeit. Ziel des ersten Gesprächs mit der Lehrkraft ist der Aufbau einer Vertrauensbasis und das Eingehen eines Bündnisses, um ein bestimmtes Problem anzugehen (Hennig u. Knödler, 2017, S. 260 f.).

6.2.2 Blickwinkel der Lehrkraft auf die Thematik

Nach diesem Einstieg in das Gespräch erfrage ich die Sichtweise der Lehrkraft auf die herausfordernde Situation. Dabei werden deren Einschätzungen und Beobachtungen nicht negativ kommentiert, sondern akzeptiert und wertgeschätzt. Auch das bisherige Handeln und erfolgte Lösungsversuche der Lehrkraft bzw. der Schule werden dabei (wenn möglich) positiv bewertet (vgl. Hennig u. Knödler, 2017, S. 262 f.).

Über Nachfragen zu Ausnahmen von der Problematik oder zu Situationen, in denen das Problem weniger auftritt, versuche ich den Problemfokus – sollte er relativ starr auf den Schüler gerichtet sein – zu erweitern und die Lehrkraft auf die Einflüsse von weiteren

Kontextbedingungen (z. B. Familie, Mitschüler*innen, Verhältnis zu Lehrkräften) zu sensibilisieren. Ist die Lehrkraft selbst durch das auffällige oder störende Verhalten des Schülers belastet und fühlt sich ohnmächtig, kann ich als Berater versuchen, über weitere Fragen einen Perspektivenwechsel anzuregen, um die vorliegende Problemtrance aufzuweichen, z. B. durch positives Umdeuten des Verhaltens. Des Weiteren kann zusammen mit der Lehrkraft überlegt werden, welche Lösungsversuche bisher (zumindest ansatzweise) funktioniert haben und was die Lehrkraft weiterhin tun kann, um den Schüler zu unterstützen. Hierbei weise ich gern darauf hin, dass die Forschung zeigt, dass die Beziehung zwischen Lehrkraft und Schüler*in eine der entscheidenden Variablen bei der Lösungsfindung von Schulproblemen darstellt (vgl. Schulte-Körne, 2016, S. 186).

6.2.3 Ausblick auf die weitere Zusammenarbeit

Am Ende des Gesprächs bedanke ich mich bei der Lehrkraft für das entgegengebrachte Vertrauen und ihre investierte Zeit. Ich weise darauf hin, dass die im Gespräch gewonnenen neuen Informationen und Erkenntnisse in die Beratungsarbeit mit der Familie einfließen und die Familie oder ich zu gegebener Zeit wieder auf sie zukommen werden, um ein mögliches gemeinsames Gespräch – in Form eines Runden Tisches – anzudenken. Dabei betone ich die Wichtigkeit solcher Treffen und einer guten Zusammenarbeit für die Lösungsfindung der herausfordernden Situation. In den meisten Fällen weckt die Aussicht auf ein moderiertes Gespräch – über die aktuelle Situation, Veränderungswünsche und mögliche Lösungsideen – bei den Lehrkräften die Zuversicht und Hoffnung, dass etwas in Bewegung kommen wird.

6.3 Die gemeinsame Arbeit mit allen Beteiligten am Runden Tisch

Um das Dreieck aus Eltern – Schüler*in – Lehrkraft wieder in ein kooperatives und wertschätzendes Miteinander zu bringen, ist in meinen Augen kaum etwas zielführender als gemeinsame Gespräche und die Ermöglichung positiver Begegnungen zwischen den Beteiligten. Hierzu braucht es die Offenheit aller, sich unter gewissen Rahmenbedingungen (Gesprächsregeln, gegenseitige Wertschätzung und Respekt) auf ein gemeinsames Gespräch mit einer externen Moderation (z. B. Schulpsycholog*in, Berater*in, Mediator*in) einzulassen. Das ist – je nachdem, wie der bisherige Kontakt miteinander war – nicht immer ganz einfach.

Fallbeispiel 3: Luisa – »Ich will nicht mehr in die Schule gehen!«

Luisas Mutter wendet sich an die Schulpsychologische Beratungsstelle, da sich ihre 6-jährige Tochter seit mehreren Wochen vehement weigere, in die Schule zu gehen. Sie erzählt mir, dass es mit einzelnen Tagen angefangen habe und Luisa mittlerweile gar nicht mehr die Schule besuche. Es komme sowohl zu Hause als auch beim Betreten des Schulgebäudes zu dramatischen Szenen mit Heulkrämpfen, Schreien und Handgreiflichkeiten. Der von der Mutter und Luisa getrennt lebende Vater schildert ähnliche Situationen, auch wenn er seine Tochter durch die räumliche Entfernung seltener zur Schule bringe. Luisas Verhalten führe dazu, dass für die Mutter ein geregeltes Arbeiten nicht mehr möglich sei.

Zum Erstgespräch kommen beide Elternteile und Luisa in die Beratungsstelle. Nach einem gemeinsamen Beginn erfahre ich im Gespräch mit den Eltern, dass Luisa auch schon im Kindergarten eine Phase hatte, in der es ihr schwergefallen sei, sich von den Eltern zu trennen. Diese wurde allerdings relativ schnell überwunden. Bei der Einschulung und in den ersten Monaten in der Grundschule sei es zu keinerlei Komplikationen beim Schulbesuch gekommen. Im Gegenteil, Luisa habe sich sehr auf die Schule gefreut, da sie ein sehr wissbegieriges und cleveres Kind sei. Im weiteren Verlauf der Beratung stellte sich durch eine ausführliche Begabungsdiagnostik heraus, dass Luisa eine Begabung im Grenzbereich zwischen überdurchschnittlicher und weit überdurchschnittlicher Begabung hat. Luisas Freude an der Schule sei jedoch schnell getrübt worden und die Eltern vermuten, dass es auch daran liegen könnte, dass es ihr in der Schule nicht schnell genug mit dem Lernstoff gehe bzw. sie frustriert gewesen sei, dass sie nicht das lerne, was sie sich gewünscht habe. Eine weitere Ursache könnte eine angespannte Beziehung zum Klassenlehrer sein. Luisa fühle sich von ihm ungerecht behandelt. Im Gespräch mit Luisa erfahre ich, dass sie sich selbst nicht erklären kann, warum sie nicht mehr in die Schule gehe. Sie beschreibt mehrere unglücklich verlaufene Situationen mit dem Klassenlehrer und dass die Angst sie dann einfach überrolle. Körperlich habe sie dann Bauchschmerzen und könne nicht mehr klar denken.

Bei der Planung des weiteren Vorgehens wird deutlich, dass die Eltern selbst ebenfalls ein angespanntes Verhältnis zum Klassenlehrer und zusätzlich auch zur Schulleitung haben. Die Eltern fühlen sich von beiden oftmals nicht verstanden und konnten dem Vorgehen der Schule in der Vergangenheit nicht immer zustimmen. Dazu treibt sie die Sorge um, dass die Schule Luisa loswerden wolle. Ein mögliches Treffen vor Ort mit allen Beteiligten wird daher von beiden Elternteilen zu Beginn der Beratung kritisch gesehen. Bei der Generierung von Lösungsideen und der Planung der weiteren Schritte kommen beide Eltern jedoch zur Erkenntnis, dass sowohl die Sichtweise der Schule auf die aktuelle Situation als auch das Mitwirken der Klassenlehrkraft und der Schulleiterin bei der Umsetzung von Lösungsideen vonnöten ist. Nachdem die Rahmenbedingungen und meine Rolle als Moderator umfassend geklärt wurden, können sich die Eltern auf ein gemeinsames Treffen vor Ort an der Schule einlassen. Ich bekomme den Auftrag, Kontakt mit der Schule (Klassenlehrer und Schulleiterin) aufzunehmen, deren Sichtweise(n) zu erfahren und ein gemeinsames Treffen zu organisieren.

6.3.1 Rahmenbedingungen

Generell ist für diese Zusammenkünfte wichtig, dass sich alle Beteiligten genug Zeit für das Gespräch nehmen (können). Dadurch kann ein Unterschied zum sonst so stressigen und durchgetakteten Schulalltag entstehen. Meistens findet das Gespräch an der Schule statt. In manchen Fällen kann es sinnvoll sein, das erste Treffen außerhalb der Schule (z. B. in der schulpsychologischen Beratungsstelle) anzuberaumen, um auf neutralem Terrain zu beginnen. Gerade bei einer im Vorfeld nicht so glücklich verlaufenen Kommunikation zwischen Elternhaus und Schule, ist es sinnvoll als Berater die Rolle des Moderators zu übernehmen und somit den Rahmen für das Dreiecksgespräch zur Verfügung zu stellen. Dies führt in der Regel zu einer Entlastung der Beteiligten. Darüber hinaus gibt die Tatsache, dass jemand da ist, der sich für den Prozess verantwortlich fühlt und vorher schon Kontakt mit allen Beteiligten hatte, Sicherheit für das Treffen. Als Moderator lade ich zum Gespräch ein und gebe einen Ablauf für das Gespräch vor. Die Teilnahme des Schülers hängt von dessen Alter, der Thematik und der voraussichtlichen Dynamik im Gespräch ab und sollte im Einzelfall gut abgewogen werden. Der zeitliche Rahmen sollte sich individuell an den zu besprechenden Inhalten und Bedürfnissen der Beteiligten ausrichten.

6.3.2 Inhalte und Ablauf des Gesprächs

Nach einer kurzen Einstiegs- und Begrüßungsrunde lade ich die Beteiligten dazu ein, aus ihrer jeweiligen Perspektive eine möglichst ressourcenorientierte Analyse der momentanen Situation vorzunehmen. Als Moderator versuche ich die verschiedenen Ansichten zu sammeln und wenn möglich zu bündeln bzw. zu verdichten, um am Ende der Phase zu einer gemeinsamen Problembeschreibung zu kommen. Diese sollte sich nicht nur auf den Schüler beschränken, sondern – wie in den Vorgesprächen mit den Beteiligten – den gesamten Kontext Schule (Familie, Schüler*in, Mitschüler*innen, Peers, Umwelt) miteinbeziehen. Auch besteht jetzt die Möglichkeit, auf frühere Lösungsversuche einzugehen und den Blick dabei auf die Ressourcen der Anwesenden zu richten. In der nächsten Phase soll es zu einer gemeinsamen Zielformulierung kommen, die möglichst konkret und realitätsnah sein sollte und somit die Energien der Beteiligten bündelt (vgl. Hennig u. Knödler, 2017, S. 264 f.). Darauf aufbauend werden konkrete Vereinbarungen über das weitere Vorgehen erarbeitet, die gleichzeitig die Komplexität reduzieren. Dabei bekommt jeder Beteiligte Aufgaben aus seinem Handlungs- und Erlebensraum, in dem er als Experte unterwegs ist. Dies erhöht die Selbstwirksamkeit der Personen. Am Beispiel einer festgestellten Lese-Rechtschreib-Schwäche könnte das bedeuten, dass die Familie sich um eine Förderung zu Hause oder durch eine externe Lerntherapie kümmert. Die Lehrkraft könnte sich um Unterstützung im Unterricht durch veränderte Rahmenbedingungen bemühen (z. B. die Einführung eines Nachteilsausgleiches) und die Schulleitung ein Förderkonzept für die Schule oder einen Austausch des Kollegiums zum Umgang mit Lese-Rechtschreib-Schwäche an der Schule in die Wege leiten. Wenn gewünscht, kann auch der Berater bestimmte Aufgaben, z. B. zukünftige Gesprächsmoderationen, die Arbeit an familiären Themen oder weitere schuldiagnostische Testungen, anbieten und übernehmen. Am Ende des Treffens sollte es zu konkreten Absprachen bezüglich des weiteren Vorgehens und der verteilten Aufgaben kommen. Mir ist es zudem wichtig, dass auch ein Folgetermin (zumindest mit einem Teil des Dreiecks) abgesprochen wird. Ziel der gemeinsamen Treffen ist es, dass die beteiligten Personen des Dreiecks über kurz oder lang wieder selbst effektiv und kooperativ arbeiten und etwaige neue Problemstellungen durch im Expertendreieck gelernte Lösungsideen begegnen können.

7 Vernetzung mit Kooperationspartnern und Grenzen der Beratung im Dreieck Eltern – Schüler*in – Lehrkraft

Fallbeispiel 3: Luisa – Keine Lösung in Sicht

Das Gespräch mit Luisas Eltern, der Klassenlehrkraft und der Schulleiterin gestaltet sich anfangs als herausfordernd, da auf allen Seiten eine große Frustration über die aktuelle Situation und die bisherigen gescheiterten Lösungsversuche herrscht. Auch mir als Berater gelingt es zu Beginn des Treffens kaum, diese Verzweiflung aufzulösen, zumal auch die Schulleiterin immer wieder betont, dass ihre Möglichkeiten ausgeschöpft seien und sie keine Optionen vor Ort mehr sehe. Nach einer kurzen Begrüßung und einleitenden Worten meinerseits lade ich die Beteiligten dazu ein, die aktuelle Situation aus ihrer Sicht zu schildern und auch zu berichten, wie es ihnen damit geht. Luisas Eltern erzählen von den täglichen Querelen, die mit dem Schulbesuch verbunden sind, und der Belastung für ihren eigenen (Berufs-)Alltag. Vor allem würde sie aber die große Sorge um Luisa umtreiben. Diese Sorge teilen auch die Schulleiterin und der Klassenlehrer. Sie berichten darüber hinaus, wie Luisas Verhalten und die aktuelle Situation sie an ihre pädagogischen Grenzen bringt.

Durch diesen offenen Austausch über das eigene Empfinden gelingt ein gegenseitiger Perspektivenwechsel. Sowohl beide Elternteile als auch die Vertreter der Schule können Verständnis für die jeweiligen Schwierigkeiten des Gegenübers aufbringen und der Fokus rückt wieder mehr auf Luisa und was sie jetzt braucht, um wieder in die Schule gehen zu können. Über die Ergebnisse der Begabungstestung und die mit den Eltern im Erstgespräch aufgestellten Hypothesen über die Gründe der Verweigerung kommen alle Beteiligten in einen intensiven Austausch. Es wird für die Eltern spürbar, dass die Schulleiterin ihre anfängliche Hoffnungslosigkeit ablegt und für neue Lösungsideen zu begeistern ist. So ist die Schule überraschenderweise bereit, sich auch auf ungewöhnliche Lösungsideen (z. B. ein klärendes Gespräch zwischen Klassenlehrer und Luisa in Anwesenheit der Eltern an einer, für Luisa vielleicht weniger angstbehafteten, benachbarten Grundschule) einzulassen. Auch die Option, dass Luisa mit ihrer Hochbegabung auf Probe eine Klasse überspringen kann – was vorher vonseiten der Schule strikt abgelehnt wurde – ist wieder auf dem Tisch.

Im anschließenden Beratungsgespräch erzählen mir die Eltern, dass sie durch die getroffenen Absprachen mit der Schulleitung und durch die positive Stimmung am Runden Tisch wieder neue Hoffnung schöpfen, da sie der Schule abnehmen, dass diese Luisa gern behalten möchte. Auch die Schule meldet später zurück, dass sie optimistisch gestimmt aus dem Gespräch gegangen und nun gespannt seien, wie die geplanten Lösungsideen wirken.

So sehr alle Beteiligten des Runden Tisches auch von den neuen Lösungsideen und deren Umsetzung überzeugt sind, gelingt es dennoch nicht, dass Luisa wieder an ihre alte Schule zurückkehrt. So verweigert sich Luisa einer Klärung mit dem Klassenlehrer – die in der Beratung vorbereitet und mit den Eltern zusammen stattfinden sollte – und findet immer wieder Argumente, warum es unter diesen

Rahmenbedingungen nicht klappen könne. Doch auch wenn ihre Forderungen komplett berücksichtigt werden, kann sie sich nicht darauf einlassen. Die Schule stimmt aufgrund der Begabungstestung dem Versuch zu, dass Luisa in die zweite Klasse an ihrer Schule gehen kann. Es kommt auch zu einem Treffen mit der Klassenlehrkraft der 2. Klasse, Luisas Eltern und mir an einer benachbarten Grundschule, damit das Schulgebäude, das für Luisa negativ besetzt war, als entscheidender Faktor für ein Scheitern des Gesprächs ausgeschlossen werden konnte. Trotz eines positiven Verlaufs dieses Gesprächs, ist es Luisa nicht möglich, die neue Klassenlehrkraft an ihrer alten Schule zu treffen. Auch ein kompletter Neustart an einer anderen Grundschule schlägt fehl: Luisa geht zwar in Begleitung ihrer Mutter in die neue Schule, doch sobald die Mutter den Klassenraum bzw. die Schule verlassen will, brechen bei Luisa alle Dämme. An zwei Tagen kann sich Luisa nach dem Abschied der Mutter beruhigen und bleibt für einige Zeit in der Schule, ab dem dritten Tag ist es ihr jedoch nicht mehr möglich, in der Schule zu bleiben. Der Leidensdruck für die Eltern, vor allem für die Mutter, wird immer größer. Auch die zuständige Schulaufsichtsbehörde erhöht den Druck auf die Eltern, da Luisas Fehlzeiten mittlerweile ein enormes Ausmaß angenommen haben. Sie macht in einem Gespräch deutlich, dass sie nun die Familie in der Pflicht sieht, Lösungsansätze außerhalb der Schule in den Blick zu nehmen.

Auch ich als Schulpsychologe komme mit meinen Ressourcen und Ideen an meine Grenzen. Da auch das Miteinander der beiden Elternteile angespannt ist und es zu unterschiedlichen Ansichten bezüglich des weiteren Vorgehens kommt, beschäftigt uns in der Beratung auch die Frage, ob diese familiäre Thematik etwas mit der Schulverweigerung der Tochter zu tun haben könnte. Nach längeren Überlegungen beginnt Luisas Mutter eine Beratung bei einer Erziehungsberatungsstelle, in deren Verlauf auch Luisas Vater miteinbezogen wird. Gleichzeitig stelle ich auf Wunsch der Eltern den Kontakt zur kinder- und jugendpsychiatrischen Tagesklinik her. Hier erhoffen sich die Eltern Hilfe, wie sie mit der Situation und ihrer Tochter gut umgehen können. Zum ersten Gespräch begleite ich die Eltern und Luisa und kann meine Sicht auf die aktuelle Thematik beim Anamnesegespräch einbringen. Die Aussagen des behandelnden Arztes und der Psychologin sind eindeutig: Eine Begleitung im ambulanten Setting – wie in der Schulpsychologie – reichen in diesem Fall nicht aus, um Luisa wieder in die Schule zu bringen. Die Eltern sind mit einem Aufenthalt in der Tagesklinik und dem Besuch der Klinikschule einverstanden. Während dieses Aufenthalts ruht der Beratungsfall bei mir an der schulpsychologischen Beratungsstelle. Nach Rücksprache mit den Eltern kommt die Klinikschule noch auf mich zu, um über die Ergebnisse der Begabungstestung zu sprechen und eine mögliche Förderung zu überlegen. Es kommt während dieser Zeit lediglich zu zwei Telefonaten zwischen der Mutter und mir, da die Eltern – durch die Termine an der Tagesklinik und die Gespräche an der Erziehungsberatungsstelle – sowieso schon ordentlich eingespannt sind. Ich biete den Eltern an, dass sie sich jederzeit wieder bei mir melden können, wenn sie Bedarf haben. So kommt es, dass ich über die Rückführung an eine neue Grundschule erst im Nachhinein erfahre. Diese hatten die Tagesklinik zusammen mit den Eltern und dem Jugendamt – welches durch die langen Fehlzeiten in der Schule miteinbezogen worden war – in die Wege geleitet. Über die Mutter erfahre ich, dass Luisa seither regelmäßig zur Schule gehe und sich dort auch wohlfühle. Sie bedankt sich für die intensive Begleitung bis zur Tagesklinik und ist froh über die aktuellen Entwicklungen. Die vom Jugendamt angebotenen Unterstützungsangebote würden sie zudem entlasten. Sie und ihr Mann würden weiterhin zu Terminen an der Erziehungsberatungsstelle gehen und von diesen Gesprächen profitieren.

Im letzten Fallbeispiel wird sichtbar, dass weitere Netzwerkpartner*innen hilfreich und nötig sein können, um die Beteiligten des Dreiecks bei der Erarbeitung und Umsetzung von Lösungsideen bei schulischen Herausforderungen zu unterstützen. Daher ist es als Berater*in im Dreieck Eltern – Schüler*in – Lehrkraft wichtig, sowohl Kenntnisse über das Schulsystem zu haben als auch über Einblicke in andere Institutionen des Sozial- und Gesundheitssystems zu verfügen und gut mit diesen vernetzt zu sein. Dies gilt vor allem dann, wenn in der Beratung deutlich wird, dass die zu bearbeitende Thematik ein anderes Setting benötigt und nicht allein durch eine Beratung abgedeckt werden kann. So wird z. B. die Förderung einer Lese-Rechtschreib-Schwäche – sollte diese über die Ressourcen des Dreiecks hinaus nötig sein – häufig mithilfe einer lerntherapeutischen Fachkraft angegangen. Wird in der Beratung deutlich, dass eine intensivere Begleitung der Familie zentral für die Umsetzung der Lösungsideen ist, können Familien z. B. bei Erziehungsberatungsstellen und dem Jugendamt weitere Unterstützungsangebote erhalten. Und falls in der Beratung tieferliegende psychische Probleme zum Vorschein kommen (sowohl bei Schüler*innen als auch deren Eltern), sollten diese ärztlich abgeklärt und therapeutisch behandelt werden. Hier sind Kinder- und Jugendpsychiater*innen, niedergelassene Kinder- und Jugendlichenpsychotherapeut*innen, psychiatrische Institutsambulanzen und Kliniken wichtige Kooperationspartner*innen und Anlaufstellen für Ratsuchende. Eine umfassende Kenntnis des Beraters über diese Unterstützungssysteme und eine gute Kooperation mit ihnen erleichtern Familien in vielen Fällen den Übergang in ein anderes Hilfesystem. Ein niederschwelliges Beratungsangebot bei Schulproblemen kann auch dazu führen, dass sich Familien eines Unterstützungsbedarfes bewusst werden und aus eigener Motivation passende Angebote des Sozial-, Beratungs- und Gesundheitssystems suchen und annehmen, denen sie vor der Beratung eventuell noch ablehnend gegenüber standen. Eine Übersicht über potenzielle Kooperationspartner*innen im Beratungsdreieck findet sich in Abbildung 4.

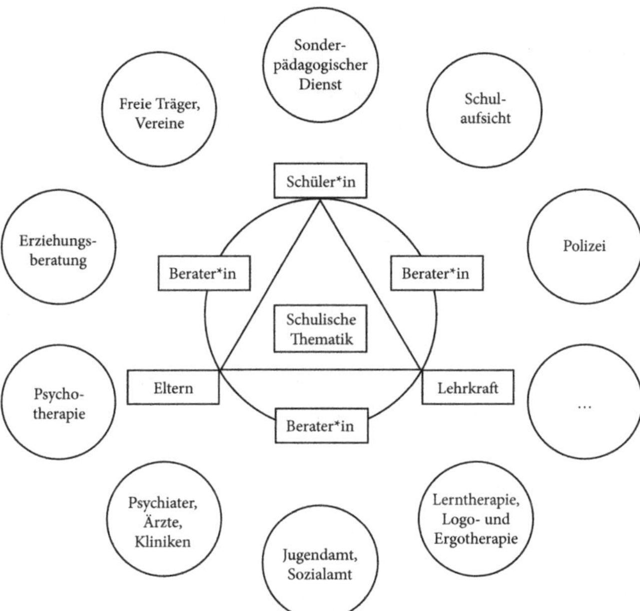

Abbildung 4: Kooperationspartner des Dreiecks Eltern – Schüler*in – Lehrkraft

8 Supervision und Coaching für Lehrkräfte zur Stärkung des Dreiecks Eltern – Schüler*in – Lehrkraft

Die hier im Buch anhand von Fallbeispielen dargestellte Beratungsarbeit beginnt mit dem Anliegen der Familie und des Schülers und wird im besten Fall durch Einbezug der Lehrkraft bzw. der Schule zur Beratung im Dreieck. Doch was tun, wenn die Familie nicht für eine Beratung zu gewinnen ist und die Lehrkraft mit der herausfordernden Situation allein bleibt? Hubrig und Herrmann führen an (2014, S. 98), dass in den zwei großen Untersuchungen zur Lehrergesundheit (der Potsdamer Lehrerstudie und der Freiburger Schulstudie) die befragten Lehrkräfte angaben, dass besonders das schwierige Schülerverhalten als eine starke Belastung erlebt werde (vgl. Schaarschmidt, Arold u. Kieschke, 2000, S. 13; Bauer, 2004, S. 6).

Um Lehrkräfte in diesen oder auch anderen herausfordernden schulischen Situationen zu unterstützen, bieten u. a. schulpsychologische Beratungsstellen vielfältige Beratungsangebote an, die dazu beitragen können, dass Lehrkräfte ihre Gesundheit wahren und schwierige Situationen im Schulalltag meistern können. Diese Unterstützung kann sowohl im Einzelsetting in Form einer Lehrerberatung, als auch im Gruppensetting, z. B. in Supervisionsgruppen oder im Rahmen von Fortbildungen, stattfinden. Die dort behandelten Themen richten sich nach den Bedürfnissen der beteiligten Lehrkräfte und reichen vom persönlichen Umgang mit beruflichen Belastungen (z. B. Konflikte im Kollegium, Work-Life-Balance), über die Auseinandersetzung mit der eigenen Lehrerrolle bis hin zu Reflexionen über die Zusammenarbeit an der Schule. Können sich Lehrkräfte auf diese Reflexionsprozesse einlassen (vgl. Hubrig u. Herrmann, 2014, S. 132–138, »Problematisches Schülerverhalten: Lehrer verändern ihr Denken«), wird aus meiner Sicht nicht nur deren Selbstwirksamkeit gestärkt, es entstehen auch neue Lösungsideen, die die Lehrkräfte im Kontakt mit Schüler*innen, Kolleg*innen und Eltern ausprobieren können. Ganz konkret könnten das Gesprächsangebote an Eltern und Schüler*innen auf Augenhöhe sein, ein wertschätzender und unterstützender Kommunikationsstil in diesen Gesprächen oder die Suche nach den Ressourcen der beteiligten Personen im Dreieck Eltern – Schüler*in – Lehrkraft. Somit wirkt die Beratung der Lehrkräfte über die verschiedenen Beziehungsebenen auch unmittelbar in das Dreieck hinein.

Daher freut es mich sehr, dass – zumindest meiner Wahrnehmung nach – der Anteil von Lehrkraftcoachings innerhalb der schulpsychologischen Beratung in den letzten Jahren zugenommen hat. In diesen Beratungsprozessen haben Lehrkräfte – wie auch Familien bzw. Schüler*innen in der Einzelfallberatung – die Möglichkeit, aus dem Hamsterrad des Schulalltags auszusteigen und sich die herausfordernde Situation aus einem gewissen Abstand heraus anzuschauen (Metaebenenposition). Die systemische Beratung bietet hierfür sowohl für das Einzelsetting als auch in Supervisions- und Fallbesprechungsgruppen mit ihren Rahmenbedingungen (u. a. Vertraulichkeit, Ressourcenorientierung) einen geschützten Raum. Gerade in der Arbeit als Gruppe sehe ich den Vorteil, dass Lehrkräfte die Erfahrung machen, dass sie im Kontext Schule nicht nur als Einzelkämpfer gefragt sind, sondern für sie auch erlebbar wird, welche Kraft und Lösungskompetenz im Miteinander liegt.

9 Ausblick: Systemische Pädagogik und Herausforderungen der Schulpsychologie

Es wäre aus meiner Sicht wünschenswert, wenn die systemische Pädagogik stärker in den Schulalltag einfließen würde. Dazu müssten möglichst viele Lehrkräfte und sonstige am Schulleben Beteiligte mit den Inhalten einer systemischen Sicht auf Schulprobleme in Berührung kommen. Als Schulpsychologe habe ich die Möglichkeit – über die Einzelfallarbeit mit Familien, die Beratung und Supervision von Lehrkräften, die Ausbildung von Beratungslehrkräften und die Gestaltung von Pädagogischen Tagen und Fortbildungen an Schulen – die systemische Haltung und deren Chancen für alle am

Schulsystem Beteiligten weiterzugeben. Es ist schön, zu sehen, wie in diesen, doch meistens relativ kurzen und punktuellen Begegnungen, Veränderungen in der Haltung und auf der Verhaltensebene zu beobachten sind, die einen langfristigen Effekt auf die Lehrpersonen und die Systeme, in denen sie sich bewegen, haben. Umso verblüffender und gleichzeitig auch entmutigender ist daher die Tatsache, dass viele Lehrkräfte in ihrer Ausbildung nicht bzw. kaum mit systemischen Konzepten in Berührung kommen. Gerade junge Lehrkräfte berichten in der Beratung häufig, dass sie sich bezüglich der Kommunikation im Dreieck Eltern – Schüler*in – Lehrkraft (und dort vor allem bei herausfordernden Elterngesprächen) nicht gut vorbereitet erleben und sie die Angebote der Schulpsychologie als eine elementare Unterstützung wahrnehmen.

Daher hoffe ich, dass – über kurz oder lang – diese Elemente auch Eingang in die Aus- und Weiterbildung von Lehrkräften finden und so Lehrer*innen besser auf die (kommunikativen) Anforderungen im Schulalltag vorbereitet werden. Dass eine Schulung von Lehrkräften in lösungs- und ressourcenorientierten Konzepten nachhaltig positive Auswirkungen auf Unterricht und Beratung, die Kommunikation mit Kolleg*innen, Schulleitungen und Eltern und auf den Umgang mit sich selbst haben kann, konnte Christa Hubrig (2010, S. 304) bei der Evaluation ihrer zweijährigen Kurse am Institut für systemische Lösungen in Köln feststellen. Durch ähnliche positive Erfahrungen in meiner Tätigkeit als Schulpsychologe – sowohl in der Beratung von Lehrkräften als auch in der Arbeit mit Familien und Schüler*innen – hoffe ich sehr, dass in unserer Gesellschaft ein Wandel in der Haltung gegenüber Schulproblemen stattfinden und so das Miteinander und eine produktive Zusammenarbeit der am Schulleben Beteiligten gestärkt werden kann.

Eine große Herausforderung für die schulpsychologische Arbeit in Deutschland ist, dass der hohen Nachfrage sowohl vonseiten der

Schulen als auch von Eltern und Schüler*innen eine immer noch unzufriedenstellende Versorgungssituation gegenübersteht. Aktuell kommen deutschlandweit auf eine schulpsychologische Vollzeitstelle ca. 7.250 Schüler*innen (und ca. 500 Lehrkräfte)[5]. Dabei ergeben sich zwischen den einzelnen Bundesländern deutliche Unterschiede: Während in Bremen, Hamburg und Berlin ein Schulpsychologe für ca. 4.500 Schüler*innen zuständig ist, sind es in Niedersachsen ca. 15.000. In Ländern wie den USA, Kanada, Israel, Dänemark und der Schweiz ist die Versorgung deutlich besser und liegt bei ca. 600 bis 1.500 Schüler*innen pro Schulpsycholog*innenstelle (Jimerson, Stewart, Skokut, Cardenas u. Malone, 2009). Deutschland ist somit »in der schulpsychologischen Versorgung ein internationales Schlusslicht« (Dunkel, 2016, S. 110).

Dies stellt die schulpsychologische Beratung vor mehrere Herausforderungen: Wie können (lange) Wartezeiten und die damit einhergehende Frustration der Beteiligten reduziert werden? Wie kann die regionale Versorgung und Erreichbarkeit gewährleistet werden, wenn nicht – wie z. B. in den USA – an fast jeder großen Schule ein Schulpsychologe tätig ist? Werden durch das Angebot alle Eltern- und Schülergruppen angesprochen oder vor allem bildungsnahe Familien, die sich den zeitlichen Aufwand für eine schulpsychologische Beratung leisten können und wollen?

Um Eltern, Schüler*innen und Lehrkräfte trotz der unzufriedenstellenden Personalsituation der Schulpsychologie ein Beratungsangebot vor Ort an der Schule anbieten zu können, bilden einige Bundesländer, wie z. B. Baden-Württemberg, Lehrer*innen zu Beratungslehrkräften aus. Diese 1,5 Jahre dauernde Ausbildung durch Schulpsycholog*innen umfasst schwerpunktmäßig die Bereiche Gesprächsführung, Testdiagnostik und die Auseinandersetzung

5 Sämtliche Versorgungszahlen zitiert nach Seifried (2018).

mit verschiedenen schulischen Problembereichen (z. B. Mobbing, Motivation, Teilleistungsschwächen, Krisen). Fertig ausgebildete Beratungslehrkräfte sind neben ihrer Tätigkeit als Lehrkraft mit einem geringen Stundenumfang (2–5 Deputatstunden) als Berater*in an ihrer Schule oder Schulen in regionaler Nähe im Einsatz. Sie unterliegen dabei denselben Rahmenbedingungen wie Schulpsycholog*innen (Freiwilligkeit, Allparteilichkeit, Verschwiegenheit) und unterstützen Schüler*innen und Eltern im Rahmen von Einzelfallberatungen bei Fragen zur Schullaufbahn und bei der Bewältigung von Schulschwierigkeiten, z. B. Lern- und Leistungsproblemen, sozialen, motivationalen und emotionalen Schwierigkeiten oder Verhaltensauffälligkeiten. In der Einzelfallberatung setzen sie – wenn fach- und inhaltlich sinnvoll – in Absprache mit den Ratsuchenden verantwortungsvoll testdiagnostische Verfahren (z. B. Begabungs-, Lern- und Leistungstests und Fragebögen) ein. Auch Kolleg*innen können sich im Umgang mit herausfordernden schulischen Situationen vertrauensvoll an die vor Ort tätige Beratungslehrkraft wenden.

Die Beratung durch ausgebildete Beratungslehrkräfte hat den Vorteil, dass diese aus ihrem Erfahrungsschatz als Lehrkraft schöpfen können und näher am Schulalltag dran sind als Schulpsycholog*innen. Auf der anderen Seite müssen sie mehr darum kämpfen, als unabhängige und neutrale Beratungsinstanz wahrgenommen zu werden, insbesondere wenn sie an der eigenen Schule beraten. Trotz dieser Schwierigkeit ist die Beratung durch Beratungslehrkräfte eine gute Ergänzung zum Angebot der schulpsychologischen Beratungsstellen.

Ein weiteres wichtiges Beratungs- und Unterstützungsangebot an Schulen stellt die Schulsozialarbeit dar. Als Schnittstelle zwischen Schule und Jugendhilfe ist die Schulsozialarbeit für alle Schüler*innen einer Schule offen und versteht sich »als ein leicht zugängliches präventives Angebot, welches einen eigenständigen sozialpädagogischen Auftrag erfüllt und nicht auf die Unterstützung von sogenannten Problemschülerinnen und Problemschülern reduziert ist« (Kooperationsverbund Schulsozialarbeit, 2015, S. 7). Da die Schulsozialarbeit durch eine große Bandbreite von Trägerschaften gekennzeichnet ist, sind deren Angebote und Aufträge vielfältig und unterscheiden sich an den jeweiligen Schulstandorten (Thimm, 2015, S. 27). Der Kooperationsverbund Schulsozialarbeit (2015, S. 11 ff.) gibt einen Überblick über diejenigen Aufträge, die sich in den letzten Jahrzehnten etabliert haben: Erhöhung von Bildungschancen, Gestaltung von Übergängen, Realisierung von Vernetzung, Unterstützung von Schulentwicklung, politische Partizipation, Gesundheitsförderung und Vermeidung von Schulabsentismus. Die Angebote der Schulsozialarbeit reichen von sozialem Lernen (für Klassen und klassenübergreifend) über die Zusammenarbeit mit Bezugspersonen (z. B. Themenabende, Elterncafé) bis hin zu offenen Freizeit- und Beratungsangeboten für junge Menschen. Auch Lehrkräfte können das Beratungsangebot in Anspruch nehmen.

In meinen Augen ist die Schulsozialarbeit mit ihrem Angebot an den Schulen eine elementare Stütze für das Bildungssystem. Sie trägt durch die Förderung von Benachteiligten bei der Bewältigung von Lebens- und Schulalltagsproblemen zu mehr Bildungsgerechtigkeit bei und erreicht zudem auch bildungsfernere Familien, die sich meiner Erfahrung nach seltener an eine schulpsychologische Beratungsstelle wenden.

Die aktuelle Herausforderung besteht darin, diese unterschiedlichen schulischen Beratungssysteme noch besser zu vernetzen und die Zusammenarbeit zu stärken. Für ein fruchtbares Miteinander an den Schulen braucht es Absprachen und persönliches Engagement der Berater*innen, damit eine gute Kooperation entstehen kann. In meinen Jahren als Schulpsychologe in Baden-Württemberg habe ich an den unterschiedlichsten Orten viele positive Beispiele für eine solche Zusammenarbeit erlebt und hoffe, dass sich diese positiven Kontakte weiter vertiefen. Besonders in Erinnerung geblieben ist mir ein Fall, bei dem ein Schüler nicht mehr in die Schule gehen und auch nicht zur schulpsychologischen Beratung kommen wollte. Hier war es mit dem Einverständnis der Eltern möglich, mit dem dortigen Schulsozialarbeiter zu sprechen, der dann durch ein Gespräch zu Hause bei der Familie und weitere Treffen an der Schule, einen Zugang zum Schüler gewinnen und mit der Familie arbeiten konnte. Der Schüler ging nach drei Wochen wieder regelmäßig zur Schule.

Wenn wir das Kindeswohl in den Mittelpunkt stellen und immer ein offenes Ohr für unser Gegenüber haben, dann kann es uns gelingen, für viele Kinder und Jugendliche da zu sein und sie ein Stück auf ihrem Lebensweg zu begleiten. Das Dreieck Eltern – Schüler*in – Lehrkraft nimmt dabei die zentrale Rolle ein. Es ist mir eine große Freude, dass ich mit meiner Arbeit als Schulpsychologe dazu beitragen kann, die Beziehungen im Dreieck zu stärken und gemeinsam Lösungsideen für Schulprobleme zu entwickeln und anzugehen.

Am Ende

10 Literatur

Bauer, J. (2004). Die Freiburger Schulstudie. Zugriff am 12.10.2019 unter http://www.psychotherapie-prof-bauer.de/schulstudiedeutsch.pdf

Bell, A. J., Rosen, L. A., Dynlacht, D. (1994). Truancy intervention. The Journal of Research and Development in Education, 27 (3), 203–211.

Berufsverband Deutscher Psychologinnen und Psychologen e. V. (2015). Schulpsychologie in Deutschland. Berufsprofil, Berlin.

Blume, H., Beck, D. (2010). No blame approach: Mobbing-Intervention in der Schule. Praxishandbuch (2. Aufl.). Köln: Fairaend.

Dunkel, L. (2016). Aufgaben und Organisationsformen der Schulpsychologie. In K. Seifried, S. Drewes, M. Hasselhorn (Hrsg.), Handbuch der Schulpsychologie. Psychologie für die Schule (2. Aufl., S. 108–113). Stuttgart: Kohlhammer.

Hattie, J. (2009). Visible learning. London/New York: Routledge.

Hennig, C., Ehinger, W. (2012). Das Elterngespräch in der Schule. Von der Konfrontation zur Kooperation (6. Aufl.). Augsburg: Auer.

Hennig, C., Knödler, U. (2017). Schulprobleme lösen. Ein Handbuch für die systemische Beratung (4. Aufl.). Weinheim/Basel: Beltz.

Hubrig, C. (2010). Gehirn, Motivation, Beziehung – Ressourcen in der Schule. Systemisches Handeln in Unterricht und Beratung. Heidelberg: Carl-Auer.

Hubrig, C., Herrmann, P. (2014). Lösungen in der Schule. Systemisches Denken in Unterricht, Beratung und Schulentwicklung (4. Aufl.). Heidelberg: Carl-Auer.

Jimerson, S., Stewart, K., Skokut, M., Cardenas, S., Malone, H. (2009). How many school psychologists are there in each country of the world? International estimates of school psychologists and school psychologists-to-student ratios. School Psychology International, 30 (6), 555–567.

Kindl-Beilfuß, C. (2014). Fragen können wie Küsse schmecken: Systemische Fragetechniken für Anfänger und Fortgeschrittene (5. Aufl.). Heidelberg: Carl-Auer.

Klasen, F., Meyrose, A.-K., Otto, Ch., Reiss, F., Ravens-Sieberer, U. (2017). Psychische Auffälligkeiten von Kindern und Jugendlichen in Deutschland. Monatsschrift Kinderheilkunde, 165 (6), 402–407.

Kooperationsverbund Schulsozialarbeit (2015). Leitlinien für Schulsozialarbeit – vorgelegt vom Kooperationsverbund Schulsozialarbeit, Berlin. Zugriff am 25.10.2019 unter https://www.jugendsozialarbeit-nrw.de/lagjsa_joomla3/attachments/article/195/Leitlinien_Schulsozialarbeit_A5_gesamt.pdf

Lotz, M., Lipowsky, F. (2015). Die Hattie-Studie und ihre Bedeutung für den Unterricht – Ein Blick auf ausgewählte Aspekte der Lehrer-Schüler-Interaktion. In G. Mehlhorn, F. Schulz, K. Schöppe (Hrsg.), Begabungen entwickeln und kreativ fördern (S. 97–136). München: kopaed.

Mertens, S. (2009). Das Innere Team mit Tieren. Tiere als Persönlichkeitssymbole in Psychotherapie und Beratung. München: Ernst Reinhardt.

Ministerium für Kultus, Jugend und Sport Baden-Württemberg (Hrsg.) (2015). Berufsleitbild Schulpsychologie Baden-Württemberg, Stuttgart.

Ministerium für Kultus, Jugend und Sport Baden-Württemberg (2000). Richtlinien für die Bildungsberatung. Kultus und Unterricht Nr. 20 (S. 332–337), Stuttgart. Zugriff am 12.10.2019 unter http://www.landesrecht-bw.de/jportal/?quelle=jlink&query=VVBW-2205-3-KM-20001113-01-SF&psml=bsbawueprod.psml&max=true

Natho, F. (2013). Gespräche mit dem inneren Schweinehund. Arbeit mit Tierfiguren in systemischer Beratung und Therapie (3. Aufl.). Göttingen: Vandenhoeck & Ruprecht.

Omer, H., Schlippe, A. von (2016). Autorität durch Beziehung. Die Praxis des gewaltlosen Widerstands in der Erziehung (9. Aufl.). Göttingen: Vandenhoeck & Ruprecht.

Rauter, L. (2017). Rolle des Kinderarztes bei Lernstörungen und Schulproblemen. Monatsschrift Kinderheilkunde, 165 (6), 468–475.

Retzlaff, R. (2012). Spiel-Räume. Lehrbuch der systemischen Therapie mit Kindern und Jugendlichen (5. Aufl.). Stuttgart: Klett-Cotta.

Rotthaus, W. (2019). Schulprobleme und Schulabsentismus. Heidelberg: Carl-Auer.

Schaarschmidt, U., Arold, H., Kieschke, U. (2000). Die Bewältigung psychischer Anforderungen durch Lehrkräfte. Information über ein Forschungsprojekt an der Universität Potsdam. Zugriff am 12.10.2019 unter https://www.bug-nrw.de/fileadmin/web/Lehrergesundheit/Schaarschmidt-2000 %20stress-bei-lehrern.pdf

Schlippe, A. von, Schweitzer, J. (2013). Lehrbuch der systemischen Therapie und Beratung I: Das Grundlagenwissen (2. Aufl.). Göttingen: Vandenhoeck & Ruprecht.

Schulte-Körne, G. (2016). Psychische Störungen bei Kindern und Jugendlichen im schulischen Umfeld. Deutsches Ärzteblatt, 113 (11), 183–190.

Schweitzer, J., Schlippe, A. von (2014). Lehrbuch der systemischen Therapie und Beratung II. Das störungsspezifische Wissen (5. Aufl.). Göttingen: Vandenhoeck & Ruprecht.

Schwing, R., Fryszer, A. (2015). Systemische Beratung und Familientherapie (4. Aufl.). Göttingen: Vandenhoeck & Ruprecht.

Seifried, K. (2018). Versorgungszahlen 2018. Schulpsychologinnen und Schulpsychologen in den Bundesländern. Zugriff am 12.10.2019 unter https://www.bdp-schulpsychologie.de/aktuell/2018/180918_vergleichszahlen.pdf

Simon, F. B. (1995). Die andere Seite der Gesundheit. Ansätze einer systemischen Krankheits- und Therapietheorie. Heidelberg: Carl-Auer.

Statistisches Bundesamt (2018). Lehrkräfte nach Schularten und Beschäftigungsumfang. Zugriff am 12.10.2019 unter https://www.destatis.de/DE/Themen/Gesellschaft-Umwelt/Bildung-Forschung-Kultur/Schulen/Tabellen/allgemeinbildende-beruflicheschulen-lehrkraefte.html

Statistisches Bundesamt (2019). Pressemitteilung Nr. 90 vom 12. März 2019. Schülerzahl im Schuljahr 2018/2019 um 0,5 % gesunken. Zugriff am 12.10.2019 unter https://www.destatis.de/DE/Presse/Pressemitteilungen/2019/03/PD19_090_211.html

Thimm, K. (2015). Soziale Arbeit im Kontext Schule. Reflexion – Forschung – Praxisimpulse. Weinheim/Basel: Beltz Juventa.

Weinberger, S. (2011). Klientenzentrierte Gesprächsführung. Lern- und Praxisanleitung für psychosoziale Berufe (13. Aufl.). Weinheim/München: Juventa.

11 Literaturempfehlungen

Gesprächsführung in der systemischen Beratung

Hennig, C., Ehinger, W. (2012). Das Elterngespräch in der Schule. Von der Konfrontation zur Kooperation (6. Aufl.). Augsburg: Auer.

Hennig, C., Knödler, U. (2017). Schulprobleme lösen. Ein Handbuch für die systemische Beratung (4. Aufl.). Weinheim/Basel: Beltz.

Palmowski, W. (1996). Der Anstoß des Steines. Systemische Beratungsstrategien im schulischen Kontext. Ein Einführungs- und Lernbuch (2. Aufl.). Dortmund: Borgmann.

Prior, M. (2012). MiniMax – Interventionen. 15 minimale Interventionen mit maximaler Wirkung (10. Aufl.). Heidelberg: Carl-Auer.

Schlippe, A. von, Schweitzer, J. (2013). Lehrbuch der systemischen Therapie und Beratung I: Das Grundlagenwissen (2. Aufl.). Göttingen: Vandenhoeck & Ruprecht.

Schwing, R., Fryszer, A. (2015). Systemische Beratung und Familientherapie (4. Aufl.). Göttingen: Vandenhoeck & Ruprecht.

Simon, F. B., Rech-Simon, C. (2018). Zirkuläres Fragen – Systemische Therapie in Fallbeispielen: Ein Lernbuch (13. Aufl.). Heidelberg: Carl-Auer.

Systemische Beratung von Kindern und Jugendlichen

Bauer, C., Hegemann, T. (2018). Ich schaffs! – Cool ans Ziel: Das lösungsorientierte Programm für die Arbeit mit Jugendlichen (6. Aufl.). Heidelberg: Carl-Auer.

Caby, A., Caby, F. (2013). Die kleine psychotherapeutische Schatzkiste – Teil 2. Weitere systemisch-lösungsorientierte Interventionen für die Arbeit mit Kindern, Jugendlichen, Erwachsenen und Familien (2. Aufl.). Dortmund: Borgmann.

Caby, F., Caby, A. (2014). Die kleine psychotherapeutische Schatzkiste – Teil 1. Tipps und Tricks für kleine und große Probleme vom Kindes- bis zum Erwachsenenalter (3. Aufl.). Dortmund: Borgmann.

Furman, B. (2017). Ich schaffs! Spielerisch und praktisch Lösungen mit Kindern finden. Das 15-Schritte-Programm für Eltern, Erzieher und Therapeuten (6. Aufl.). Heidelberg: Carl-Auer.

Retzlaff, R. (2012). Spiel-Räume. Lehrbuch der systemischen Therapie mit Kindern und Jugendlichen (5. Aufl.). Stuttgart: Klett-Cotta.

Systemische Pädagogik und Hilfen für Lehrkräfte

Balgo, R., Lindemann, H. (Hrsg.) (2006). Theorie und Praxis systemischer Pädagogik. Heidelberg: Carl-Auer.

Balgo, R., Werning, R. (Hrsg.) (2003). Lernen und Lernprobleme im systemischen Diskurs. Dortmund: Borgmann.

Franke-Gricksch, M. (2012). »Du gehörst zu uns!«. Systemische Einblicke und Lösungen für Lehrer, Schüler und Eltern (5. Aufl). Heidelberg: Carl-Auer.

Hubrig, C., Herrmann, P. (2014). Lösungen in der Schule. Systemisches Denken in Unterricht, Beratung und Schulentwicklung (4. Aufl.). Heidelberg: Carl-Auer.

Hubrig, C., Herrmann, P. (ab 2013). Reihe »Spickzettel für Lehrer«. Heidelberg: Carl-Auer.

Keller, G. (2011). Psychologie für den Schulalltag. Prävention und Erste Hilfe. Bern: Hans Huber.

Keller, G. (2014). Professionelle Kommunikation im Schulalltag. Praxishilfen für Lehrkräfte. Göttingen u. a.: Hogrefe.

Prior, M., Winkler, H. (2009). MiniMax für Lehrer. 16 Kommunikationsstrategien mit maximaler Wirkung. Weinheim/Basel: Beltz.

12 Der Autor

Benedikt Joos, Diplom-Psychologe und Systemischer Therapeut (DGSF), arbeitet an der Schulpsychologischen Beratungsstelle Aalen (Baden-Württemberg). Nach seinem Studium an der Universität Tübingen, der University of Glasgow und der University of California, Santa Barbara, war er an den schulpsychologischen Beratungsstellen in Schwäbisch Hall und Donaueschingen tätig. Er ist Mitglied der International School Psychology Association (ISPA), des Landesverbandes der Schulpsychologinnen und Schulpsychologen in Baden-Württemberg (LSBW) und der Gewerkschaft für Erziehung und Wissenschaft (GEW). Seine Weiterbildung zum Systemischen Therapeuten absolvierte er am Helm Stierlin Institut in Heidelberg, er ist seither Mitglied der Deutschen Gesellschaft für Systemische Therapie, Beratung und Familientherapie (DGSF).

Schwerpunkte seiner schulpsychologischen Arbeit sind die Unterstützung von Schüler*innen, Eltern und Lehrkräften innerhalb der Einzelfallberatung und die Ausbildung von Beratungslehrkräften. Weitere Tätigkeitsfelder sind Konfliktmoderationen, Krisennachsorgeeinsätze an Schulen und die Leitung von Supervisionsgruppen für Lehrkräfte. In Donaueschingen begleitete er Kollegien an Grundschulen auf dem Weg zu einem eigenen Beratungskonzept.

Als begeisterter Tischtennisspieler und Fußballfan des SC Freiburg interessiert er sich generell für Ballsportarten und für Wintersport. Hier fasziniert ihn insbesondere der Einfluss von mentalen Strategien und Coaching auf sportliche Leistung (Sportpsychologie), wozu er während des Studiums geforscht hat. Aus Liebe zur Musik besucht er in seiner Freizeit außerdem gern Konzerte und Festivals.

13 Dank

An dieser Stelle bedanke ich mich bei allen, die am Entstehungsprozess dieses Buchs beteiligt waren:

- bei Jochen Schweitzer für das entgegengebrachte Vertrauen, das stets offene Ohr und die hilfreichen Anregungen,
- bei meiner Frau Annina, Irini Johann und meinen Eltern für das wertvolle Feedback und die vielfältige Unterstützung bei der Verwirklichung meiner Buchidee
- sowie bei Günter Presting und Imke Heuer von Vandenhoeck & Ruprecht für die sehr gute und unkomplizierte Zusammenarbeit und das sorgfältige Lektorat.

Darüber hinaus möchte ich all denjenigen Danke sagen, die mich auf meinem systemischen Weg begleitet und inspiriert haben: dem Therapeuten-Team des Helm Stierlin Instituts, meinen Kurskolleg*innen in der Ausbildung und meinen (ehemaligen) Teamkolleg*innen an den schulpsychologischen Beratungsstellen in Aalen, Donaueschingen, Schwäbisch Hall und Ulm.